搶救文物

九二一大地震災區文物研究展圖錄

竹山鎮莊宅 敦本堂 / 東勢鎮 善教堂 劉氏宗祠 / 大里市 林大有宅

An Exhibition of Artifacts Rescued from Sites Ruined by the "921 Earthquake"

國立歷史博物館

NATIONAL MUSEUM OF HISTORY

序

　　去(八十八)年九二一大地震造成空前大災難，除了為死者哀，生者憂，我們更看到文化和歷史的傷痕。本館跟隨著每一股投入搶救和重建的力量，肩負著文化工作者的責任。當救難人員在瓦礫堆中搜尋可能的生還者時，我們同樣在文化領域發掘及保存所傳來文化歷史生命尚存的驚呼。希望一次大傷害之後，不要再有更多的後悔。

　　一年來，本館執行「搶救文物專案計劃」共分為三階段，和一遠程目標。第一個階段，本館迅速組成「搶救文物小組」進行文物蒐集工作。以竹山鎮、東勢鎮、大里市為主要的地點，在坍塌全毀的傳統建築中蒐集文物。從88年10月初到88年12月底為止，共計調查了，水里、集集、鹿港、大里、竹山、石岡、東勢等七個災區地點；由竹山鎮、東勢鎮兩處蒐集約六百件文物與建築構件；連同其他地點搶救文物總計約八百件左右。

　　第二階段，本館持續進行文物清理、維護、修復及加固、修補等必要措施，以避免文物持續遭受損害。第三階段，也就是現階段的主要工作，在於挑選出不同類型、材質的文物和建築構件，匯整成具系統性的脈絡，提供社會大眾對歷史文物的保存觀念。展覽中，我們強忍震災之後的悲傷情緒，在哀悼亡者犧牲和坍塌損毀的文化生命激勵之下，希望台灣的歷史與文化能夠更加穩固地留存下來。在未來，我們仍將持續地展現具體的行動，延續對本土歷史文物的維護與保存的決心。因此，下一階段的工作，正積極與國立傳統藝術中心密切合作，期使這批文物得到最佳的照料。

　　專案進行中，我們嘗試採用博物館與研究所「建教合作」的模式，使得學校、社會資源得以整合。從今年初起至展覽開幕為止，總計有國立台南藝術學院博物館學研究所、古物修復研究所，德國哥廷根大學民族學研究所、南華大學美學與藝術管理研究所共計六位研究生，及樹德大學建築與古蹟維護學系二位同學，參與文物登錄、清理、修復，圖錄編輯與展品配置等工作，他們的工作時間遠遠超過了學校規定的實習時數，也能充分地在實務工作中發揮所學。

　　在傳統藝術中心協助之下，本案後續工作推動順利。感謝每一位參與這個專案的工作人員，在本館研究組陳主任永源召集之下，包括研究組、典藏組、教育組、展覽組、秘書室，運用所有可能的人力動員起來。文化義工輪班處理滿佈塵垢的文物，尤其是，呂宜蒨、吳家綺、陳媄如三位小姐，花費將近三個月的時間，每週工作四天，全心投入的辛勞，更為難能可貴。

　　凡此種種，僅僅說明了本館積極參與震災之後的文化重建行動。我們曾經深切地反省及檢討，博物館在參與地震後歷史文化保存工作的角色、定位及其所可能產生的影響。值此週年，舉國紀念之時，本館相信，這次行動是值得繼續堅持下去的。

　　　　　　　　　　　　　　　　　　　　　　　　　　　　　　　　黃光男 謹識
　　　　　　　　　　　　　　　　　　　　　　　　　　　　　　　國立歷史博物館館長

Preface

The massive earthquake measuring 7.3 on the Richter Scale struck at Ji-ji town(集集鎮), Nan-tou County(南投縣) on 21 September, 1999, causing enormous injury and prompting increased scrutiny of Taiwan's society. We mourn the over 2,200 dead and worry about the survival of the injured, and, in the meantime, the wounds to our culture and history. Without hesitation, this museum joined the rescue effort and dedicated itself to the emergency restoration work by our conscientiousness and obligations as cultural undertakers. Whenever the rescue team searched for each of the possible survivors, we were as well astonished and perceived a fragile scream by our culture and history from the ruined sites.

During the past year, our museum has been carrying out restoration and maintenance of the salvaged artifacts. The project was divided into three stages with one long-term objective. In the first stage, the museum organized the Team for Rescue and Restoration of Artifacts to collect damaged artifacts. From early October 1999 to late December 1999, we carried out field investigations in seven areas: Shui-li(水里), Ji-ji(集集), Du-gang(鹿港), Da-li(大里), Zhu-san(竹山), Shi-gang(石岡), and Tong-shi(東勢). We collected six hundred artifacts and architectural components form Zhu-san and Tong-shi counties, including other artifacts from the above-mentioned ruined sites. A total of approximately eight hundred pieces were amassed.

In the second stage, the museum's staff undertook restoration work in order to preserve the artifacts. In the third and current stage, we have selected typical artifacts and architectural components in order to arrange them systematically so as to impress the public with the importance of the preservation of artifacts. Within the exhibition, we do not emphasize the grief and sorrow that the disaster brought, but we naturally lament that sacrifice and are encouraged by the struggling of our injured culture. We sincerely hope that Taiwan's history and culture can continue steadily forward. In the future, our museum will devote even more efforts to the preservation and maintenance of local history and artifacts. During the next stage, therefore, we will cooperate with the National Traditional Art Center in order to preserve such artifacts in their best possible condition.

While the project has been underway, we have tried to adopt the mode of "Cooperation between Construction and Education" in order to integrate the resources of schools and society. From early this year until the opening of the exhibition, we had six intern students participating in the registration, cleaning, restoration, catalogue compilation and floor plan designing of the exhibited items. The interns have come from graduate schools of Museum Study and Artifacts Restoration of the National Tainan Art College; the graduate school of Ethnology, Gottingen, Germany; and the graduate school of Art Management of Nan-hua University and two students from the department of Historic Architecture Preservation of the Shu-de Technology University. They consistently worked longer hours than those expected of an intern and brought into play their own particular skills as they worked on this noble mission.

The project has already achieved much with the support of the National Traditional Art Center. We appreciate all participants in this project who were summoned by Curator Chen Yung-yuan of the Research Department of this museum. Those participants include the staff of the Research Department, Preservation and Collection Department, the Education Department, the Exhibition Department, the General Affairs Section. The Museum's volunteers cleaned the dusty artifacts. Miss Lu Yi-qian, Wu Jia-qi, and Chen Ying-ru in particular devoted themselves to the restoration of the artifacts, working on them four days every week for over three months.

We have carefully observed and examined our experiences of participating in historical cultural preservation and we believe that the museum has played an essential role and brought decisive influence to bear Taiwan's history and culture. Meanwhile, on this the first anniversary of the "921 Earthquake", we believe that the occasion merits increased awareness of our insistence on cultural reconstruction.

Kuang-nan Huang, Ph. D.
Director
National Museum of History

序

　　去年九月廿一日凌晨，一場突如其來強度規模高達七級的地震，造成台灣地區無數的人員傷亡及財物損失，亦使得中、南部多處家宅建築一夕之間坍塌崩壞，遭受嚴重毀損。尤其是傳統民宅菁華集中的台中縣東勢、大里、及南投縣竹山、草屯等地區，因遇上這場百年來首見的大震，使得一幢幢擁有近百年歷史、曾是地方上傳統藝術文化具體表徵的家宅、祠堂、廟宇，剎時間與這塊相互依存的土地及人民分離。隨著建築結構的瓦解，其上所裝飾的傳統工藝文物也遭到大量的支解破壞，這對於台灣傳統藝術的保存與維護，無異是一場無情的浩劫。

　　震災發生後，國立歷史博物館即刻動身於中部災區勘查蒐集並搶救崩塌受損的傳統文物，進行傳統建築構件及歷史文物之清理維護與修復加固等工作。傳藝中心籌備處為推動傳統文物的保存維護觀念，並加強本土傳統建築之研究，特別與史博館共同籌辦於九二一震災週年之際，舉辦災區文物專題展覽，期待透過影像、文字及受災文物展示等方式，具體呈現台灣傳統文物與建築物件之歷史性、文化性、生活性及其藝術性。

　　傳統文物具有重要的文化價值，即在於文物本身所承載的文化紀錄與集體歷史記憶，它可說是文化發展脈絡的縮影，而其獨一無二與無法再造的特殊性質，亦使得每一件文物的破壞，均是文化上無法彌補的嚴重損失與缺憾。本次籌劃的災區文物特展，最主要的有來自台中縣大里林宅、東勢善教堂、南投縣竹山敦本堂以及莊宅等所即時搶救出的文物，以展現台灣傳統文物及建築木構件的造型、色澤與觸感之美。藉由這批受損文物的見證，我們期待國人能更深刻體認傳統藝術保存與維護的重要，同時並重新賦予傳統文物嶄新的藝術生命。

國立傳統藝術中心籌備處主任
柯基良

Preface

The tragic earthquake that struck Taiwan on 21 September 1999 caused enormous damage to local lives and fortunes. Hundreds of residences and other structures located in middle and southern Taiwan collapsed during one night, particularly, in Dong-shi town(東勢鎮) and Da-li town(大里市) in Tai-zhong County(台中縣), and Zhu-san town(竹山鎮) and Cao-tun town(草屯鎮) in Nan-tou County(南投縣) where many typical and traditional residences are located. Those cultural symbols were suddenly separated from their familiar residents. Traditional decorative parts of the architecture were as well greatly damaged and dismantled along with deconstruction of architectural components. It posed a challengeable catastrophe to preservation and maintenance of Taiwan's traditional art.

Soon after the earthquake, the staff of the National Museum of History carried out various field investigations. They collected and rescued damaged artifacts and dedicated themselves to clean, restore, and strengthen architectural fragments. Now, in preparation for the oneyear anniversary of the "921 Earthquake" and for the purpose of promoting artifact preservation and research on local traditional architecture, the National Traditional Art Center has cooperated with the museum to organize a research exhibition with artifacts from the ruined sites. We hope that Taiwan's history, culture, livelihood and art can be displayed by showing the integration of local traditional artifacts and architectural components.

The cultural value of traditional artifacts is inherent in cultural facts and integral to our historical memory. They can be regarded as miniatures of our cultural development. In terms of each of their own unique characteristics, their injury is an unrecoverable loss to our cultural assets. The main exhibited objects are from the Lin residence in Ta-li Town, Tai-zhong County, Shan-jiao Hall(善教堂), Dun-ben Hall(敦本堂) and the Zhuang residence(莊宅) in Zhu-shan Town, Nan-tou County. Those artifacts were rescued in time from the ruined sites and they show us the beauty of their form, color and texture of Taiwan's traditional artifacts and architectural timbered components. We expect that our people can perceive the importance of preservation and maintenance of traditional art and revive those artifacts with brand-new artistic lives.

Ke Ji-liang
Curator
Preparatory Office of the National Traditional Art Center

目 次

圖版

　　竹山鎮－

　　東勢鎮－

　　大里市－

　　工作過程－

保護歷史建築的幾個重要課題－兼談搶救文物工作始末

陳永源

一、前言

1906年3月17日規模七點一級的嘉義民雄大地震，造成3，643人死傷。1935年4月21日有規模七點一級的新竹關刀山大地震，造成15，329人死傷，它曾被稱爲是台灣史上空前的大地震。1941年12月17日發生在嘉義中埔的大地震，其地震規模也達七點一級，也造成1，091人死傷。七年之後的1951年10月22日在花蓮東南東方外海又發生七點三級大地震，雖然死傷人數較少，但也將近千人。其後，直至1972年間也發生過六次超過七級以上的強烈地震，傷亡人數大多在幾百人或幾十人之間，影響地方僅僅是局部地區。

將近百年之間的地震，皆不如去年（1999年）9月21日凌晨一時四十七分十二點六秒，台灣地區百年來陸上規模最大的南投集集七點三級大地震，帶給台灣百年來最大的世紀災難。很多人每天守在電視機前，緊盯著來自災區災情報導，不斷增加的死亡名單（逾1，712人以上），不計其數被地震震毀的建築（甚難統計），及持續不斷令人驚悚恐懼的餘震（9月21日當天餘震逾1，558次以上），天災肆虐之慘重爲百年所僅見。

在震災地區雖然有一群關懷地方文化資產保存的學者、專家、地方文史工作者投入災區文物建築的搶救工作，也許因爲政府緊急的政策措施，許多原本尚可搶救保存作爲人類生命共同圖像的歷史建築，因時空環境的急迫需要被當成廢棄物清理掉先民的珍貴遺產。類似攸關自己的歷史文化資產快速流失的諸多問題在災區一再出現，令人覺得有股必須趕緊掌握搶救文物的迫切感。因爲每晚一個鐘頭，也許某一個具有傳統文化特色的傳統建築會被清除剷平，或許某個具有歷史性意義的聚落被當成廢墟堆埋地下，先民的文化資產就隨著時間流逝被掩埋失落。從震災現場情況看，令人不得不認眞思索文化工作者應該如何善盡維護保存文化資產的職責。

1999年10月8日國立歷史博物館研究組在館長黃光男博士指示下配合年度「台灣文物研究展」成立「九二一搶救文物小組」，分赴中部災區搶救文物及影像記錄工作，善盡歷史博物館保存文化資產的專業職責。整個小組成員有胡懿勳、吳國淳、成耆仁、郭長江、郭祐麟、羅煥光、張婉眞等七位研究人員，由研究組主任陳永源擔任小組召集人。本文是就台中、南投災區幾個重要歷史建築的災情記述，並從震災的實際觀察瞭解中，試從國外保存經驗探討分析國內歷史建築的保存問題。

二、搶救文物實錄

(一) 竹山敦本堂風華不再

位於南投竹山鎭茱園路的林宅敦本堂，是一座採四合院配置的傳統建築，雕樑畫棟，白灰壁彩繪，花式窗櫺，全部用台灣檜木造屋的建築極品，極具台灣民間傳統工藝之美，其藝術性、欣賞性、文化性堪稱是台灣傳統建築中的經典之作，素有「台灣十大名宅」之美譽。

外界對敦本堂的一磚一瓦長期以來都有高度興趣，學界楊仁江教授曾研究出版《敦本堂》一書特別加以介紹，之後觀光訪客絡繹不絕，影響林宅安寧，從此林家大門深鎖拒絕外來訪客參觀，外界的人也就很難再進入宅院窺其堂奧，欣賞敦本堂傳統建築工藝之美，大多只能從建築外觀去欣賞它。

九二一大地震把敦本堂震成一幅破敗殘象，震得林宅上上下下手足無措，竊賊伺機偷走了不

少珍貴文物，現在每天雖然有狼犬看守著，仍然無法嚇止竊賊行徑，林家後代林篁園先生無奈的說著。面對毀損泰半的宅院，在林家兄弟無意復原或重建的堅持下，四處求助學者專家幫忙，希望有個專業專責的文物保存機構來拆卸殘餘的建築文物。國立成功大學建築學者徐明福教授特別荐舉國立歷史博物館有此專業能力與條件，建議由國立歷史博物館擔起重任。敦本堂終於在搶救文物小組全力搶救下得以保存了絕大部分的建築構件、文物。

(二)竹山莊氏家祠朱顏變調

位於竹山鎮社寮的莊氏家祠，是一擁有極為豐富台灣傳統建築彩繪的家祠，其傳統彩繪均出自一代匠師柯煥章先生所作，用色明亮相當精彩。可惜地震把屋脊震塌開了大天窗，屋簷下樑柱搖搖欲墜，庭外入口山門樑柱被地震撕裂垮成一堆小垃圾山，屋內屋外到處是碎磚破瓦。

主人莊人和先生說：「大地震之後，四周門戶洞開，竊賊趁機偷走不少傳世文物，像拜堂神案上的神龕、雕工精美的太師椅、建築木作彩繪，只要家祠內可以移動的重要傳世文物幾乎被偷個精光。」坍塌開天窗的古厝屋頂，竹山鄉公所緊急撥款補助了二十萬元，用速成預鑄的紅色鐵皮把屋頂換了妝，遠看近看都非常突兀。主人莊人和先生落寞地說：「震災使得莊家子孫已無力整修家祠也只好因陋就簡。」門前正等待清運的廢棄物，在徵得主人莊人和先生同意，在廢棄物堆裡仔細翻找尚可作研究保存之大、小建築構件、文物將近百件。

(三)東勢客家文化還給歷史

東勢是台灣中部客家人最早的初墾地，在東勢處處可以看到客家文化特色。鱗次櫛比的客家伙房，一直是東勢客家文化的重要文化資產。初墾（西元1810年）以來建立的老街，是東勢歷史最悠久的一條老街，沿街有長達一公里長的傳統建築群，九二一大地震摧枯拉朽般地把所有古宅都震垮了。鎮內客家大伙房幾乎倒了大半，一向是東勢客家人精神支柱的劉氏宗祠也無力抵擋地震威力被震垮成了廢墟。推土機正等著清理震災現場。劉氏家族的人說：「這是配合鄉公所排定清運廢棄物作業時間。」

建廟於1901年奉祀關聖帝君的善教堂，廟堂內壁飾畫棟雕樑匠藝十分精采。大地震把廟堂屋脊震塌成了廢墟，只剩下隨時還可能倒下來的拜亭。善教堂管理委員會主任委員江錦秀先生說：「善教堂原本計畫在今年十月底要舉行慶祝建廟一百周年，這下辦不成了，期待政府能早日協助廟方重建。」搶救小組在廟方徵詢並取得協議下，用專業的施作技法謹慎地拆卸下拜亭的建築構件，如大小木作、木雕花窗、剪黏及儀示器物、瓦磚等，由博物館暫時保管維護這批在地文物，待廟方重建有了進展再將這批文物送回廟方保存。

三、保護歷史建築的幾個課題

九二一大地震使台中、南投等縣市災區之古蹟、古厝及歷史性建築受創嚴重，震災之中未列入古蹟保存的歷史建築、紀念堂榭、傳統古厝，成為民間古董商、私人收藏家及宵小的爭奪戰場，不擇手段地意圖染指取得這些歷史文物。

小組踏過的霧峰林家宅園、竹山敦本堂、莊氏家祠及東勢善教堂、劉氏家祠等等古厝名剎時，許多文物建築的構件、歷史文物，有些已被屋主趁機變賣給舊木材商或古董商，有些尚留在現場待價而沽，有些遭竊而下落不明，或因無知被當成廢棄物清理。這也是為何搶救文物小組在進入災區，歷史建築中比較精彩且具有歷史性、文化性、藝術性、民俗性、社會性的部份文物已很難看到。像雕工細緻的建築構件、各式花雕窗櫺、粉壁彩繪及內飾文物等等，歷史文物流失之嚴重，已散落各處成為私人禁臠。

比較幸運的則由博物館或當地文化中心蒐集保存了一些。至於古蹟因受國家《文化資產保存法》列管，史蹟文物登記有案，古物或文物要在坊間流通變賣較不容易，除非甘冒法律風險，一般民眾意圖染指比較會有所顧忌，所以當下搶救歷史建築遠比古蹟更為迫切。

就積極面而論，歷史建築保存維護諸多議題，在震災後成為廣泛討論焦點，而真正的關鍵所在，及尋求正面積極的解決之道，應是後續努力的方向，以下羅列數端，提供可資思考的方面。

(一)宜儘速修定《文化資產保存法》。

為了保護歷史建築，應儘速推動「歷史建築保存法」，或重新增修訂《文化資產保存法》，或從寬定義「古蹟」。不論「歷史建築」、「考古遺址」、「傳統聚落」、「古市街」、「歷史文化遺蹟」等，只要具有歷史價值的包括近現代在社會史、經濟史、政治史、科技史、文化史、民俗史、建築史等等領域裡有重要意義的建築都應在指定保存範圍內。

(二)「復原如舊」保存觀念不應拘泥不化。

台灣位處太平洋環狀多地震帶，為了顧及古蹟、歷史建築結構安全的必要性，其修復作法應該被允許新的施工技法及形貌可以有所權變，以達到延續古蹟、古建築壽命的目的，但絕非「返老還童」、「復原如新」的作法。

(三)就地保存文物不是保存文物的唯一選擇。

大英博物館館長羅伯・安德遜（RGW ANDERSON）曾說：「博物館是將原來存在他處的古物移開而加以收藏，這是一種矛盾的行為，可是歷史無法倒回去，站在保存人類文化的觀點，如此做法總比讓其崩壞好得多。」

ICOM《威尼斯憲章》第八項亦指出，「文物建築上的繪畫、雕刻或裝飾只有在非取下便不能保護它們才能取下。」。因此，對於大地震造成歷史建築重創，實在應該認真思考何者才是善待文物的最有利環境？「就地保存」果真是保存文物唯一的選項嗎？

(四)成立保護歷史建築修復基金。

歷史建築的保存修復工作亟須要有一個由政府、民間、學者專家共同籌組擁有龐大資金的基金來支持，有專款可用來輔導、獎勵、補助整修復原，或有專款價購修復再信託委外經營管理，這在先進國家不乏其例。近者如1985年新加坡牛車水（KRETA AYER）中國城保存再生計畫，遠者如美國波士頓（BOSTON）華盛頓古街活化再利用計畫，都是歷史建築保存成功的案例。

(五)建立愛護先民文化資產意識。

今天我們要保護歷史建築除了政府立法管理之外，民間保存意識的覺醒更是重要。日本妻籠宿保存計畫就是一個成功案例，它先起自住民自覺自組成立「愛妻籠之會」的居民團體（1967年），到自發性的起草「住民憲章」（1971年），直到1973年町議會制定《妻籠宿保存條例》，每年以約十棟建築的進度進行修復古建築。1983年妻籠更自創「財團法人妻籠宿保存財團」管理中央、縣政府、町公所的修復補助經費。可見居民能否自覺自發性地保護古建築對維護文化遺產是非常重要。

法國國立基梅（GUIMET）博物館東方美術部主任嘉柳久說：「破壞文化遺產就是對人類的一種犯罪。這種新觀念要灌輸在每一個人的腦子裡。」，所謂徒法不足以自行，住民保護文化遺產的紅十字精神應該推廣深化。

四、結語

　　今天人類的經濟活動實力已大異於以往強於過去任何年代，現代人類建築活動的成就與速度遠非十八、九世紀或中世紀時期可比擬。吾人若以當年歷經150年之久建的羅馬聖彼得教堂而言，在今天可能只要用三分之一的時間或更短的時間就可完成。人類生活環境的新陳代謝正處於被快速運作以滿足現代化舒適便捷的需求，附著環境品質的文化精神內涵也被要求提升。因此，「保存」與「更新」的矛盾對立衝突也就一直未曾止歇過，但也未曾停歇過尋求兩者共存共榮的可能。

　　不可否認，今天古建築、歷史建築、或傳統建築的存在，已印證能為環境景觀提供最好的環境品質的事實。它的價值不僅在提供一種社會現象，一種科技水準，一項藝術成就，更具有激勵民族自信心安定人們心靈的歸屬感，它更是歷史的連續性城市發展紋理的表徵，有了它人類的生活環境才可讀可感。這也是為何許多古建築所以能夠在面對諸多改朝換代的滄桑之變，還能保留下來的原因。這也是為何日本在阪神震災後要傾力修復神戶異人館（神戶市中心十五番洋樓）之因在日本如此，歐美各國更是不遺餘力。

　　當下我們有著類似阪神地震的震災境遇，日本愛護文化財的用心，保護文化財作法，很值得國人取法借鏡。今天如果我們仍然無法認知「保存歷史建築」是最佳城市景觀營造者的事實，是延續我們先民生命的事實，更遑論談「保護歷史建築」了。

有我之境－談「搶救文物－九二一大地震災區文物研究展」展覽策劃

胡懿勳

　　對國立歷史博物館(以下簡稱史博館)現階段館務發展而言，學術研究的成果發表不僅止於書面的，在同位性考量時，仍然以回歸社會教育的定位和責任為主要政策。學術研究經過視覺加工之後，提供可以讓社會大眾實際參與的空間為主要導向的理念，將書面研究成果轉換成立體化的呈現形式。因此，展覽的形式似乎是博物館必然優先考量的關鍵。當「搶救文物專案計劃」受到被動因素催化形成的同時，[1] 史博館的研究人員，立即思考的方向便是後續如何規劃出一個展覽，供社會大眾參與這個專案計劃。

　　事實上，展覽的籌備已經是屬於第三個階段的工作，專案小組的工作已經持續進行五個月以上。由於前兩個階段，包括文物蒐集和文物清理維護的工作，已經在研究報告中作了較為詳細的闡述，因此，本文中將不再贅述，而直接進入專案計劃展覽策劃階段討論。

　　本文討論的「搶救文物－九二一大地震災區文物研究展」(以下簡稱「搶救文物研究展」)從展覽策劃的宏觀角度，討論觀念性和實施的檢討入手，相關例如，展示設計、展品陳列和硬體施作等等屬於是技術性議題，於此不多加探討。主要目的是引介展覽策劃的理念，輔助大眾深入理解展覽的內在意義與內容。

一、展覽規劃的前置條件

　　整體展覽規劃方向一直朝向文物維護與保存觀念進行，並不特別強調地震災後的悲情，或者大自然的力量對文化歷史的殘酷摧毀。在我們無力搶救人命的無奈下，卻寄望在文化歷史上盡力留存住後世還能親眼看到的實物，對歷史和文化的感動也才有媒介。

　　與史博館過去籌辦不同性質展覽最殊異的差別，「搶救文物展」是從文物蒐集開始，到完成展覽呈現，逐漸建構「從無到有」的步驟和環節。既非館藏品，也不是借展品，這批文物是點點滴滴在瓦礫殘石堆裡挑揀出來的，當搶救小組人員在坍塌建築的災區現場進行文物蒐集時，展覽的明確型態還很遙遠；搶救文物為先，爾後對文物展現某種程度的內容詮釋，說明階段性的工作過程。

　　經過蒐集、清理、維護的程序，再經由無數次的討論和工作協調會議，才對展覽整個方向釐清在歷史文物保存維護的觀念宣導；畢竟展覽要讓大多數社會民眾能夠接受，並可達到社會教育的目的。反過來想，政府和整個社會經過幾個月持續行動，九二一大地震造成的後果，深植人心，社會大眾的防災觀念的強度已經形成，甚至，中部災區還在大小不一的餘震中，杯弓蛇影地生活著。我們沒有必要再藉由展覽強化了悲情和傷痛的情緒。倒是目前尚存的歷史建物和文物，應該持續關心，以免遭受如地震損害般的相同命運。更何況，許多岌岌可危的傳統建築和歷史文物，若不加以妥善保存維護，即使沒有遇上天災，也可能在疏於照料之下，遭遇時間的臨界點，而摧折損毀。

　　另外，就史博館的立場而論，從搶救到清理維護，均屬於博物館業務運作的範疇；修復和維護傳統建築，則並非博物館的執掌與專業。因此，選擇史博館在專案中專業技術與研究的要項，進行展覽規劃，較切合史博館業務範疇，因此，展覽的目標顯而易見地放在，呈現工作過程的訴

---

1 史博館原本採取災區歷史建築的影像紀錄與訪查的觀察，「搶救文物專案計劃」的形成，是受到鹿港地方文史工作者李奕興先生提供情報，在他積極奔走之下，促成竹山鎮社寮莊宅坍塌山門的建築構件捐贈。由此，史博館才開始了進入災區搶救文物的實踐行動。

求。根據這個理由，展覽規劃的前提是，展覽在呈現出震災之後的樣態，也就是，史博館搶救小組進入災區所看見的景況，破損的文物雖然在積極的修復、整理之後狀況較為穩定，但是畢竟還是無法恢復到原來的面貌。修復的方針在專案計劃成形時，也已經確定下來，對於不確定原貌為何的文物，寧願保持受損當時的樣貌，而不在沒有更深入的資料和技術時貿然修復，以免造成畫蛇添足的效果。

二、動線安排及展場配置

在前置條件引領下，展場動線安排和配置成為優先落實的步驟。依照史博館一樓展場的平面觀察，總共有四個進出口，無法將觀眾導入單一的參觀動線之中，因此，採取「複式動線」成為主要的考慮方向。所謂複式動線，是指將一樓展場的三大展廳，分隔為四個單元展區，每一個展區均有一個或二個進出口，假設觀眾自由意志支配隨意進出展場，則均可獨立參觀某一個或兩個展區。四個單元展區雖然可以獨立參觀，但是在規劃上還是相互形成一個脈絡；依照搶救小組進入災區的時間先後，安排由右到左的參觀順序。

展場供分四個主題區，分別是竹山鎮、東勢鎮、大里市和代表史博館從事專案工作過程的主題區。主題區內依照文物屬性不同，又分為建築構件和文物兩大類。去年十月初，搶救小組在竹山和東勢進行文物蒐集時，以敦本堂和善教堂為主要目標，所蒐集的文物數量也最多，因此，這兩個部分是展覽強度較大的區域。而竹山莊宅為數量其次的區域，至於，東勢劉氏宗祠和大里市幾乎只是採取樣本的方式保留了少數文物，不被怪手推平而已。

按照這樣的展場配置，整體節奏的安排較可明顯地看出，從入口區開始進入竹山鎮，觀眾在社寮莊宅看到各種受到損傷的建築構件和一些樣本，可以感受到地震對文化侵害的狀況。在敦本堂展區中，幾項具有代表性的文物，經過史博館的維護和整理，安全地陳列在展場內，表明文物保存的重要性。而善教堂的文物中以拜亭屋頂木構件為主要展示的重點，環繞著善教堂的歷史和點滴留存的生活、民俗文物，竹山和東勢兩個主題區，佔據展場約三分之二的面積，構成展覽的主調。至於大里市則完成在展現二十四孝彩繪牆板的繪畫樣貌，其中，也展示史博館對彩繪木板的維護過程。

「工作過程主題區」是整個展覽的結論，全區展現史博館在專業技術和過去一年中進行工作的點點滴滴，包括，工具、材料、樣本、文件、原始檔案等第一手資料，補強展品的背景條件。這個主題區點出史博館在這個專案中的位階，也表明史博館的專業程度和學術條件。工作過程主題區可說是其他三個主題區匯流而成的結果，在其他三個主題區中，同時出現工作過程的痕跡，用以串聯出一條彼此聯繫的脈絡。這條清晰的脈絡，是以參與工作的人力、物力累積而成。將這些較為抽象的、觀念性的理念具體傳達出來的方法，是從視覺意象中獲得的落實。

三、視覺意象的表出

視覺意象(visual image)成就了一個展覽發揮感染作用的關鍵因素。往往，在安排展覽的時候，容易傾向以展品為主的訴求，而忽略了搭配展品同時出現的視覺意象。所有的展示陳列的硬體是跟隨著視覺意象而成，陳列架、陳列櫃、輔助說明板等等硬體施作，在視覺意象的整合之下，構成一種明確的氣氛或者情境，讓參觀者可以即刻感知展覽的訴求何在。

設計一個類近紀念碑式的戶外展示座，作為展覽的精神意象，使得整體的宗旨得以彰顯。這座具有紀念意義的儀衛式展示座，用敦本堂的三十根方柱，竹山莊宅山門上斷裂的屋脊，加上善教堂拜亭建築構件組合而成。三十根柱子分別以「九」根和「二十一」根兩組為主要垂直結構，

配合屋脊和瓜筒木構件的水平架構，裝置出象徵展覽精神的戶外作品。這座立在史博館庭院的作品，看起來穩定的結構，卻是以殘缺的構件組成，其中意涵自然不言而喻。它具有導引參觀民眾的視覺心理，進入展覽的情緒當中；從戶外走進展場時，已經產生了某種程度的心理感染作用。

入口區採取高低起伏不平的路面設計，也是跟隨著地震意象的表出；較為含蓄地，引出一個破題的情緒，讓觀眾對地震產生聯想。通過入口區之後，不特別突顯「地震」的原發性條件，但是它的因子已經隨著戶外展示座和入口區的意象植入展品之中。隨之而來的，徐徐地讓觀眾體會，原本不屬於博物館的展品，因地震而陳列在展示架上，肢解的建築構件所代表的傳統生活和宗教、民俗等文物所象徵的歷史文化，又為何齊聚在史博館？

「搶救文物研究展」的視覺意象，是下降到史博館人員剛開始進入災區時的怵目驚心；在一片凌亂散落的建築廢墟中，急切地尋找可堪保存的文物。因此，不傾向裝飾性強的展示設計，以樸素的視覺效果，傳達這項工作的踏實和與災區結合的感受。會場上，觀眾會看到經過分類的構件和文物，錯落有秩地放在展示台座上；採取開放式的展示台座設計，不讓展品與觀眾造成明顯的隔離，也在突顯些文物的常民性質。值得一提的，「工作過程主題區」特別設計成位於大園鄉專案倉庫的意象；灰色的牆面、處理用的工具、放置文物的棧板，和散置的木板等等。搶救小組的工作人員到籌備展覽的人員，從未在舒適的空間中工作過，我們忠實地呈現這種刻苦的基調，讓觀眾也能體會。

四、有我之境－工作過程的再現

展品配置的原則，是依據前置條件而來。換句話說，既要呈現整體工作過程，又要強調保存維護觀念，成為設計展品配置的先決條件。

王國維在《人間詞話》說，「有我之境，以我觀物，故物皆著我之色彩」。「搶救文物研究展」的內容和意義，即在於如何就史博館的立場，對文物進行詮釋和定位；這也是展覽中特別重視，如何讓觀眾了解工作過程的最大理由。法國當代社會學家皮耶‧波赫居(Pierre Bourdieu)認為，「有如公共遺產一般，博物館給予所有人光榮過去的紀念物，亦是奢華地用來榮耀過往歲月之偉大人物的工具。」[2] 在這看似肯定的語意之後，他接著語氣一轉，「這是虛假的慷慨度量，因為自由入場也是擇人入場，只保留給某些人；它們既然被賦予能夠占取作品的能力，就有使用這種自有的特權，接著發現自己因為擁有特權而被合理化。」[3] 在這裡，他提出藝術作品在博物館陳列，造成少數人占取文化財富，而博物館則成為占取的工具。「博物館在其型態與組織的細微末節上透露出它的真正功能：加強某些人的歸屬感，以及其他人的被排斥感。」[4]

「搶救文物研究展」所關心的觀眾目標，並不獨厚波赫居所檢討的「中產階級」，展覽本身所要呈現的是，這批災區文物的歷史感，和蘊含著被保留下來的文化內容，更重要的是，透過展覽傳達，社會大眾可以共同為保存歷史文化盡力。規劃展覽時，我們有一種期望，讓大人和小孩

---

2 林明澤譯，皮耶‧波赫居〈藝術品味與文化資產〉，《文化與社會》，台北：立緒文化，88年8月初版三刷，頁272。

3 同前註。

4 同前註，頁271。

5 史博館位於台北都會區，觀眾的背景條件，即已經具有某種程度的選擇性，若需打破時空限制，擴大其影響層面，增加觀眾接觸展覽的管道，為有效之解決方案。史博館建置主題展覽網站，即是達此目的。其次，就觀眾對博物館的「歸屬感與排斥感」方面而論，本案內容較符合一般大眾興趣，而不同於藝術作品展覽，為小眾精緻文化屬性，故策劃時，容易導入層面較廣泛的社會層面。

都能感受到，自然力量對文化摧毀，並不僅只在去年的地震而已[5]。在展品的詮釋上，儘量以淺顯易懂得文字描述文物的特性，述說文物的故事。然而，我們清楚，展覽的整體，用更多的心思著墨在工作過程；代表史博館參與搶救的使命；發表專業技術的程序和方法，讓觀眾理解更勝於欣賞。

將這個展覽定位在「研究展」的性質，說明了史博館本身的角色與功能。

雖然，在諸多場合和機會中，我們不斷地重複強調這個案子經由一個工作團隊同心協力、分工合作才得以完成，聽起來也不過是老調重彈，了無新意。不過，當我實際全程參與專案的推動時，發現所謂的「團隊工作」，最重要的不是遵從模式和原則，而是建立處理任務和工作的運作機制，才是團隊工作在實踐上的關鍵。因此，還是要說，這個專案得以推動和進行，完全依靠團隊工作的運作機制。這次專案計劃執行，除了史博館館員的戮力之外，還規劃讓文化義工參與實際工作，再加上結合大學研究所的研究生，整合學校及社會資源，使我們的力量擴張到最大。如何善加利用學校和社會資源是處理這次專案工作的一項重要課題，工作團隊的建置和運作，在不斷修正中，逐漸順暢。

讓整合的力量達於顛峰狀態的秘訣是，使其在「發揮所長」的基礎上，更要求「發揮所能」。發揮所能是在試探個人和團隊的潛在能量的邊際，開發個人潛在能量，才能擴大效能。僅僅運用團隊既有的力量是保守而僵化的，每個人在穩定的能力上工作，這很可能只達到七、八成的效力而已。

五、結語

我們相信，博物館的專業到哪種層面，研究和實務工作便跟隨到一定的層面發揮。對這個展覽而言，史博館最先確立的是，博物館在對「物」進行定位、詮釋和深化文物搶救的意義。繼而，這些交代文物的時空背景，讓這些文物在已經變調的環境中存在；原本不屬於博物館的展覽品，卻因為遭到自然力量分解之後，在展覽廳裡發揮出另一種功能。在這個展覽中，並不斬望觀眾是否能夠欣賞文物之美，或作單純的審美觀照，因為，這些展品本身帶著受災的成分，同時肩負了作為歷史與文化媒介的角色，所以，在物的詮釋中，也不特別強調美感經驗的傳遞。

更明確地說，「搶救文物研究展」本來就不是突顯展品藝術性的展覽。

支離破碎的社寮莊宅山門、敦本堂、東勢善教堂和已經被怪手推土機犁平的東勢劉氏宗祠，這些傳統建築無法修復，無法就地重建。事隔一年的今天，東勢善教堂已經開始重建整地，正準備重新興建一座嶄新的大廟，讓地方民眾的信仰得以延續。史博館所提供的正是當物換星移，時空條件改變之際，仍然保有原初的歷史實物。而這些文物之所以能夠在延長壽命保存，則依靠對文物專業的維護技術和正確對待歷史文物的觀念引導而來。

雖然展覽開幕了，但是，史博館並未將整個工作完成。我們著眼在「搶救文物」時，已經說明當時時效性和急迫性的先決條件，後續的工作尚待進行，展覽也只是階段性的整理，讓後續的工作有依循的基礎。

竹山鎮—莊宅、敦本堂

莊

宅

　　位於竹山鎮社寮的莊氏家祠，是一擁有極為豐富台灣傳統建築彩繪的家祠，其傳統彩繪均出自一代匠師柯煥章先生所作，用色明亮，相當精彩。可惜地震把屋脊震塌，開了大天窗，屋簷下樑柱搖搖欲墜，庭外入口山門樑柱被地震撕裂，垮成一堆小垃圾山，屋內屋外到處是碎磚破瓦。主人莊人和先生說：「大地震之後，四周門戶洞開，竊賊趁機偷走不少傳世文物，像拜堂神案上的神龕、雕工精美的太師椅、建築木作彩繪，只要家祠內可以移動的重要傳世文物幾乎被偷個精光。」

匾額

材質：木質

長：128.5cm　寬：39cm　高：1cm

特徵：綠色底層彩繪，上寫有「莊氏家廟」四字。

現況：「廟」已不全，且快斷成兩截。

建築上匾額，應懸掛於家廟的正門上方的門楣，
此匾已缺損，只餘上邊框及匾額主體，左右及下
緣框缺失，但，「莊氏家廟」四字，十分清晰。

莊宅山門原貌

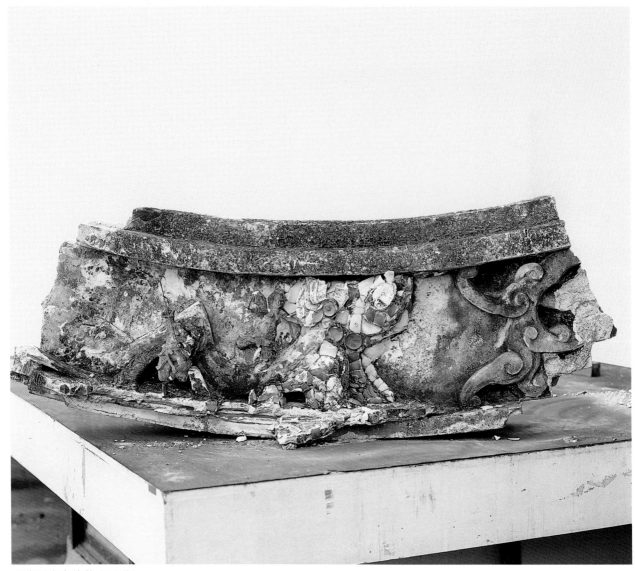

門亭屋脊之剪黏（正面）

材質：鐵絲、磚、瓷片

長：140cm 寬：40cm 高：70cm

特徵：門亭上曲型屋脊上之剪黏，斷裂成數段之一，黃、
　　　綠、紅、橘、粉紅色瓷片。

用途：主結構(大木架)

現況：部份長青苔

　　　屋脊帶狀剪黏，是台灣古建築十分流行之裝飾，
　　　有歷史故事，有忠、孝、節、義等傳說題材，色
　　　彩明朗、鮮麗，以瓷片、玻璃等為素材。

門亭屋脊之剪黏（背面）

門亭屋脊之剪黏

材質：鐵絲、磚、磁片

長：220cm 寬：40cm 高：70cm

特徵：門庭上曲形屋脊上之剪黏，斷裂成數段之一，
　　　黃、綠、紅、橘、粉紅色瓷片。

現況：部份長青苔

　　　屋脊帶狀剪黏，是台灣古建築十分流行之裝飾，
　　　有歷史故事，有忠、孝、節、義等傳說題材，色
　　　彩明朗、鮮麗，以瓷片、玻璃等為素材。

竹山鎮社寮莊宅山門屋頂剪黏殘片。

竹山鎮社寮莊宅山門屋頂剪黏殘片。

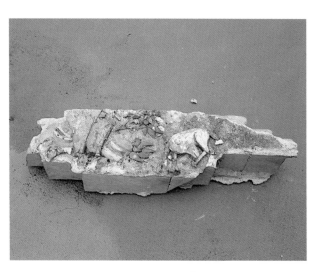

竹山鎮社寮莊宅山門屋頂剪黏殘片。

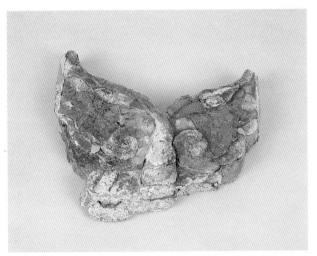

脊梁邊飾：蝴蝶

材質：石灰、水泥、瓷片。

長：32cm 寬：28cm 高：5cm

特徵：蝴蝶造型，外貼瓷片紅藍色。

現況：右下翅膀斷裂，瓷片大半脫落。

脊梁邊飾剪黏

材質：水泥、瓷片

高：4.5cm 徑：11cm

特徵：花形有紅色瓷片作爲花瓣。只有兩片完整其餘碎裂
　　　遺失。

現況：瓷片遺失，花瓣散落。

竹山鎮社寮莊宅山門坍塌現場，
九二一地震之處。

脊樑泥塑人物
材質：泥、鐵絲
長：39cm　寬：17cm　高：8cm
特徵：塑像外原黏貼有瓷片，右腳下有一
　　　枚鐵釘、手內有鐵枝為支撐。
現況：殘缺，瓷片大部分脫落。

脊樑泥塑人物
材質：泥、鐵絲
長：21cm 寬：20cm 高：36cm
特徵：直立式武官造型，五官模糊難辨，右手、右腳斷
　　　裂，鐵絲外露。
用途：裝飾
現況：斷裂
　　　作武官形像，可能是神話人物。

象形陶飾
材質：陶
長：17cm 寬：12cm 高：9.5cm

特徵：黃色釉、形象完整、泥斷裂。
用途：裝飾
現況：泥斷裂
　　　屋脊裝飾或壁上裝飾之一，太平有象，具吉祥寓
　　　意，清代以來十分盛行。

脊樑邊飾唐花(一式四件)

材質：水泥、瓷磚

長：15cm　寬：7.5cm　高：0.5cm

特徵：上下兩端綠邊，中央紅花綠葉圖案，背面尚有
　　　trade mark等符號。

現況：完整

脊樑邊飾回紋

材質：水泥、瓷磚

長：39cm　寬：7.5cm　高：9cm

特徵：白底綠回紋線條

用途：建築構件

現況：斷裂，有一條裂紋。
　　　在屋脊樑邊常有種種裝飾，這是其中一種，主要
　　　用相連的回紋，有富貴不斷頭之寓意。

竹山鎮社寮莊宅現況，89年8月17日拍攝。

壽樑
材質：木質
長：315cm 寬：18cm 高：39cm

特徵：彩繪
現況：局部斷裂、四隻鐵釘。
　　　樑柱之一種，上有對聯，其中一柱有「周銅盤字
　　　富貴春」隸書。

金柱
材質：木質
長：83cm　寬：25cm　高：340cm

特徵：上有題字
用途：主結構(大木構)
現況：題字已剝落大半，側面有垂直斷裂
　　　字用金漆，只見「周銅盤字富貴春」，
　　　已明顯脫離建築體。

門板（一組兩片）

材質：木質

長：243.5cm　寬：122cm　高：6.5cm

特徵：分隔內外之意。

用途：建築構件

現況：彩繪色漆剝落嚴重。

　　　莊氏家廟在九二一震災中遭到半倒的命運，所指
　　　半倒，即門亭全毀。而此兩扇門即門亭中央的那
　　　兩扇，原本有郭啓薰書畫，現已完全不見。

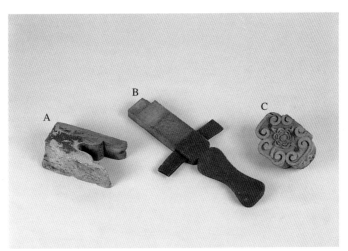

A：夾角木飾
材質：木質
長：17.5cm 寬：9.5cm 高：5.5cm
特徵：彩繪、透雕
用途：建築構件
現況：彩繪脫落，構件斷裂。
　　　這種夾角飾，形制形形色色，
　　　視建築之整體，有不同形制，
　　　大都兼具功能性。此件已殘，
　　　不知完整裝飾主題內容。

B：右門簪
材質：木質
長：37cm 寬：19cm 高：2.5cm
特徵：右邊紅色彩繪
用途：串連門楣與連楹，使連楹不至
　　　於滑落的木構件。
現況：左邊原木色部份有裂痕。
　　　建築構件，門閂之一種。

C：橫樑嵌飾
材質：木質
長：14cm 寬：10cm 高：5.5cm
特徵：背面有三根鐵釘，前部可見三
　　　根鐵釘頭、花圖案造型。
用途：裝飾
現況：右下部份有裂痕
　　　這種雕花嵌是放在樑的頭飾，
　　　釘在橫樑，簡單的雲紋、花
　　　卉，構成美麗圖案。

員光
材質：木質
長：78.5cm 寬：17.5cm 高：5.5cm
特徵：紅藍彩繪、書法(篆書五字)
用途：橡樑下之雕花飾板
現況：彩繪剝落
　　　屋橡下裝飾彩繪之一，大都為對稱裝飾，這件為
　　　書卷式裝飾，上書「日冊多子昧」篆字。

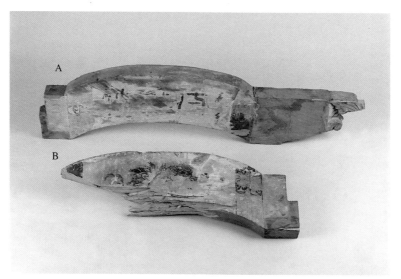

A：左前角柱員光
材質：木質
長：101.5cm 寬：24cm 高：5.5cm

特徵：彩繪、圓拱形
用途：橡廊通樑下之雕花板
現況：彩繪脫落，構件斷裂。

B：員光
材質：木質
長：67.5cm 寬：24.5cm 高：5.5cm

特徵：彩繪紋飾
用途：建築構件
現況：斷裂、彩繪脫落。

廊柱上的裝飾及構件，上有
彩飾繪畫，內容以吉祥寓意
的圖案及歷史故事為主。

下員光
材質：木質
長：92cm 寬：15cm 高：5.5cm

特徵：彩繪，雙鳥圖紋，透雕。
用途：橡廊下之雕花板
現況：彩繪脫落

這種橡廊下的雕板，是建築裝飾的一部份，有雕
花與彩繪，此件正好結合二種技法形成，彩繪部
份已不完整。

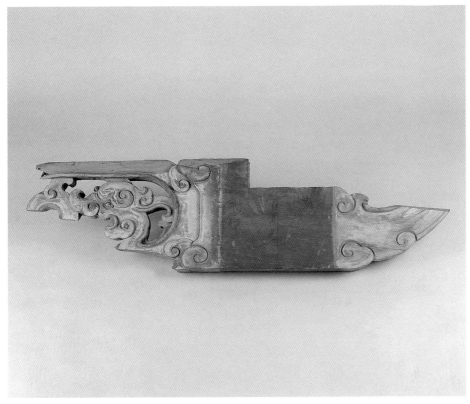

插斗
材質：木質
長：90cm 寬：24cm 高：5cm

特徵：彩繪、透雕
用途：建築構件
現況：彩繪剝落、構件斷裂。
　　　紋飾爲鏤刻龍紋。

軟挑
材質：木質
長：74cm 寬：15.5cm 高：5cm

特徵：紅藍彩繪
用途：支承屋橡之構件
現況：彩繪剝落、構件上有釘
　　　孔。

斗栱座

材質：木質

長：58cm 寬：18cm 高：16.5cm

特徵：彩繪、竹釘二枚

用途：建築構件

建築斗栱上的構件及裝飾，紋飾簡單，只以雲紋
為飾。

斗栱座
材質：木質
長：15.5cm 寬：14.5cm 高：11.5cm

特徵：上綠漆、朱漆，凹槽有薄木片翹起。
用途：建築構件
現況：漆脫落，凹槽有薄木片翹起。

斗栱座
材質：木質
高：12cm 徑：17cm

特徵：紅綠彩繪，圓形造形。
用途：建築構件
現況：一端有撕裂痕跡

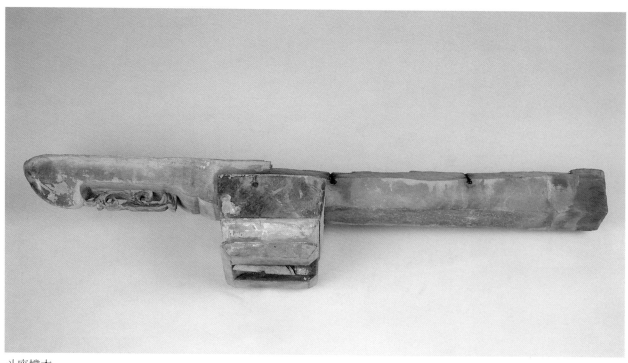

斗座撐木

材質：木質

長：85cm　寬：15cm　高：16.5cm

特徵：彩繪

用途：支撐斗栱之建築構件

現況：彩繪脫落，構件斷裂

　　　斗栱座及撐木二者連接，斗座作方形，撐木延伸

　　　處有唐草鏤雕為飾。

莊宅山門構件位置圖

A：斗座
材質：木質
長：19.5cm 寬：19cm 高：12.5cm

特徵：紅藍彩繪
用途：支撐斗栱
現況：木釘孔四，僅存一釘。
　　　這是支撐斗栱的底座，主要裝
　　　飾都在斗栱的翹之部位。

B：斗座
材質：木質
長：19cm 寬：19cm 高：12.5cm

特徵：紅藍彩繪
用途：支撐斗栱
現況：局部蛀損
　　　這是斗栱木建築，構件的一部
　　　份，用在銜接或支撐翹的構
　　　件。

斗栱座
材質：木質
長：15cm 寬：14cm 高：12cm

特徵：硃砂色漆，中間凹槽呈栱形。
用途：建築構件
現況：漆脫落

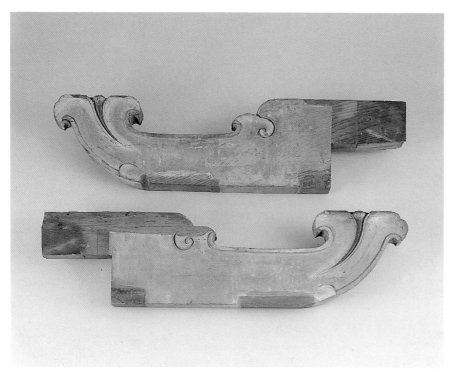

硬挑
材質：木質
長：74cm 寬：18cm 高：5.5cm

特徵：藍白彩繪
用途：支撐屋椽之構件
現況：完整
這是建築構件的一部份，用於支撐
屋椽與樑柱之間，但以簡明流暢的
雲紋作爲主要裝飾，反而有一種樸
實中的動感。

硬挑
材質：木質
長：74cm 寬：18cm 高：5.5cm

特徵：藍白彩繪
用途：支撐屋椽之構件
現況：完整

軟挑
材質：木質

特徵：紅藍彩繪
用途：建築構件
這是一種實用兼裝飾性的木建築構件，可以有支撐屋椽的作
用，面有藍彩繪殘留，內容不十分清楚。

A：軟挑

材質：木質

長：60cm 寬：14cm 高：5cm

特徵：藍色彩繪、兩端共有三根鐵釘(右2左1)、底
　　　有硃砂色漆、淺雕刻紋。

用途：建築構件

現況：漆剝落，上端側面有撕裂痕跡。
　　　這是一種實用兼裝飾性的木建築構件，可以
　　　有支撐屋椽的作用，面有藍彩繪殘留，內容
　　　不十分清楚。

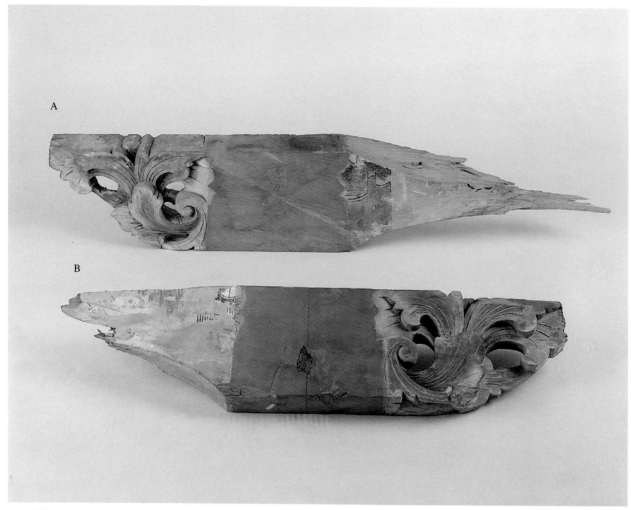

A：雀替
材質：木質
長：68.5cm　寬：15.5cm　高：5.5cm

特徵：彩繪、透雕
用途：抵住垂花與壽樑交角上之透雕木構件
現況：斷裂

B：雀替
材質：木質
長：90cm　寬：18cm　高：5.5cm

特徵：彩繪、透雕
用途：抵住垂花與壽樑交角上之透雕木構件
現況：彩繪脫落，構件有裂痕。

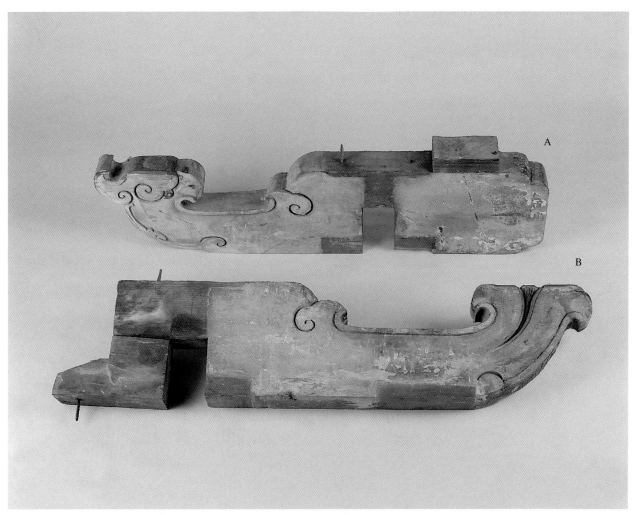

A：斗栱座上段

材質：木質

長：74.5cm　寬：20cm　高：5cm

特徵：紅藍彩繪

用途：支撐斗栱座之建築構件

現況：彩繪剝落，上有竹釘一枚。

B：軟挑

材質：木質

長：80cm　寬：18cm　高：5.5cm

特徵：紅藍彩繪

用途：支承屋橡之構件

現況：彩繪剝落，構件上有竹釘及鐵釘。

垂花
材質：木質
長：65cm 寬：17cm 高：85cm

特徵：紅、藍、綠彩繪。
現況：彩繪多已剝落

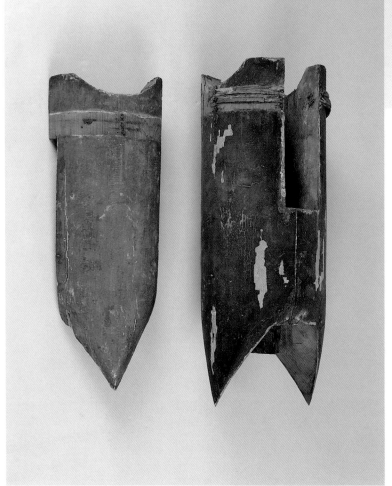

吊筒
材質：木質
高：44cm 徑：16cm

特徵：淺色部份有三根鐵釘
現況：一半不見，毀損嚴重。
　　　柱裝飾之一，大都近柱頭部位。

A：垂花
材質：木質
長：47cm 徑：21cm

特徵：紅藍彩繪
現況：上端斷裂，殘缺嚴重。

B：垂花
材質：木質
長：60cm 徑：17cm

特徵：藍綠紅彩繪、蓮花雕刻裝飾
用途：木構件
現況：彩繪剝落嚴重，幾乎一半柱體斷裂。
　　　木建築，柱頭上裝飾構件，與柱相連，裝飾形式
　　　多種，蓮花是常見式樣之一。

門飾花鳥動物

材質：木質

長：79cm　寬：23cm　高：5.5cm

特徵：紅藍彩繪

用途：裝飾用之建築構件

現況：彩繪脫落，構件斷成兩截。
　　　門板上鏤刻飾板，浮雕花鳥、鹿、松，寓意「松
　　　鹿同春」，但已缺損，並有斷裂。

門板上邊飾、雙桃
材質：木質
長：37cm　寬：20cm　高：5cm

特徵：紅藍綠彩繪、莖部金漆、背部朱色底漆
用途：建築構件
現況：斷裂
　　　門板上嵌飾，主要為門上美化裝飾，桃系象徵長
　　　壽，所以特別常見及受人喜愛。

木雕板
材質：木質
長：37cm　寬：21cm　高：5cm

特徵：鐵釘二枚、紅藍綠彩繪、右邊桃子上的葉子有撕裂
　　　痕跡。
用途：建築構件
現況：下方有撕裂痕跡
　　　木雕板構件。用途不一，有用於柱上，有用於門
　　　廊，有用於壁飾，視其整體結構的設計，始知其構
　　　件部位。

A：雀替

材質：木質

長：22cm 寬：12cm 高：4cm

特徵：紅藍綠彩繪、透雕，原底漆硃砂色。

用途：建築構件

現況：大部份斷裂殘缺、彩繪脫落。

B：雀替局部

材質：木質

特徵：彩繪、透雕

用途：抵住垂花與壽樑交角上之透雕木構件，又名插角或
托木。

現況：斷裂、部份殘缺

C：木建築構件一雕花飾

材質：木質

長：34.5cm 寬：12.5cm 高：5.5cm

特徵：竹釘一枚、紅藍綠彩繪、透雕。

用途：裝飾

現況：斷裂(非地震損毀)痕跡

A：雀替

材質：木質

長：35cm 寬：16cm 高：3.5cm

特徵：紅藍綠彩繪，背部有紅色底漆。

用途：建築構件

現況：下部斷裂殘缺、上部亦有斷裂痕跡。

　　　屋內柱上裝飾之一部份，大都採取鏤刻技法，此
　　　件為花草捲紋。

B：右前腳柱雀替

材質：木質

長：44cm 寬：15cm 高：5.5cm

特徵：藍綠彩繪

用途：建築構件

現況：後部大片撕裂，彩繪脫落。

　　　柱上雀替，有裝飾兼實用性功能，鏤刻紋飾有不
　　　同形制，大都以吉祥厭勝為主。

A：雀替
材質：木質
長：42cm 寬：17cm 高：5.5cm

特徵：彩繪、透雕
用途：抵住垂花與壽樑交角上之透雕木構件
現況：完整
　　　紋飾爲卷草紋，可能爲中段飾。

B：雀替
材質：木質
長：62cm 寬：18cm 高：5.5cm

特徵：彩繪、透雕
用途：抵住垂花與壽樑交角上之透雕木構件，又名插角
　　　或托木。
現況：斷裂，部份殘缺。

A：雀替
材質：木質
長：30cm 寬：14cm 高：4cm
特徵：綠藍彩繪、龍紋圖案。
現況：嚴重斷裂
　　　木建築柱上角飾，浮雕螭紋，裝飾性兼功能實用性。

B：崔替
材質：木質
長：31cm 寬：13cm 高：3cm
特徵：鷹首，有硃砂痕跡。
現況：右下部份斷裂
　　　木構建築裝飾之一部份，大都用於柱頭或廊橡下的構件，以雕刻表現，加上彩繪。

C：雀替局部
材質：木質
長：17cm 寬：12cm 高：1cm
特徵：紅藍綠彩繪，下方有一枚鐵釘。
現況：大部分斷裂，彩繪脫落。

白釉瓷碗
材質：瓷
高：6cm 徑：16.5cm

特徵：碗口上黃釉，花草紋及雙喜字
用途：盛物
現況：完整
　　　這種大量生產的餐具，以鶯歌出產為大宗，口緣
　　　飾一圈金，用紅綠彩花卉裝飾。

瓷碗
材質：瓷
高：5.5cm 徑：17.5cm

特徵：青瓷、圈足
用途：盛物
現況：碗口缺痕，有裂縫。
　　　青瓷產品，口外敞，是一種中型湯碗，可裝菜盛
　　　湯，是飲食用具常見形制，可能是福建產品。

筷筒

材質：陶質

長：20.5cm　寬：18cm　高：9cm

特徵：鏤空雕花

用途：置筷用

現況：除右上缺一小角外，大致完整。

　　　早期台灣民間常見之生活用具，胎為紅陶胎，上加褐
　　　黃釉或醬釉，一面平且素，一面鏤刻花鳥等紋飾，上
　　　加釉，有時內分兩格，可懸掛壁面，底有圓孔數個，
　　　是懸掛式的筷筒，可能是南投或沙鹿一帶產品。

椽板

材質：木質

長：394cm 寬：93cm 高：23cm

特徵：弧形

用途：建築構件之一，用於屋椽上之木板。

現況：殘缺。

竹山鎮社寮莊宅山門，地震前原貌。

竹山鎮社寮莊宅地震後十一個月，山門瓦礫已經清除。

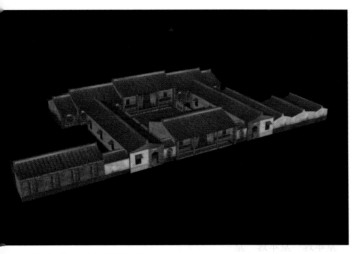

敦本堂原貌立體示意圖

敦
本
堂

竹山「敦本堂」林家祖厝建於晚清時期，約當日據初期，為現存台灣傳統民宅形式與閩南形式建築風格的混合式四合院方正格局，係遜清武官林月汀氏籌建之士紳宅第。按該宅門廳橋扇書畫落款記載有「丙午年初春」，顯見敦本堂係落成於清光緒三十二年（丙午年，明治三十九年，西元1906年）左右。位於南投竹山鎮荣園路的林宅敦本堂建築，雕樑畫棟，白灰壁彩繪，花式窗櫺，採用台灣檜木造屋的建築極品，極具台灣民間傳統工藝之美，其藝術性、欣賞性、文化性堪稱是台灣傳統建築中的經典之作，素有「台灣十大名宅」之一之美譽。

11月6日至11月11日，搶救小組於竹山鎮敦本堂進行文物拆卸工作。本階段工作以拆除大木結構及彩繪粉牆兩部分為主。其中，又以粉牆完整拆除最為艱鉅。

「苞松」白灰土垺牆壁畫

　　竹山鎮敦本堂彩繪牆，經由本館研究人員在搶救工作中，以玻璃纖維（F.R.P）敷蓋在牆表面保護後，順利自傾頹的建築體上拆除。

　　此圖是，經過本館研究人員，將玻璃纖維剝離之後並修補脫落的彩繪。

　　左次間壁面繪彩作品，與前右次間壁面繪彩作品格式相同展現出左右相對稱的繪畫與書法一整組同式的畫面構成，橫披以水墨繪彩鑲邊，上下為山水，左繪竹而右繪蘭，色彩脫殘大半，內以同仿趙字行書寫「苞松」二字，與「竹茂」二字遙遙相對，松與竹對仗工整，可說是台灣傳統建築裝飾的對稱。下方有四隻蝙蝠護圓框四角，框內繪傳統水墨畫一幅，繪小軒依山而築，竹窗內有兩人燭前對語，其中可見「閩習」福建繪畫趣味，題款云：「夜雨竹窗問語　雪山畫寫」，左右兩側以「敦本」二字起首的嵌字行書對聯，上聯為「敦厥慈孝友恭道惟敬止」，下聯為「本諸智仁義理德乃日新」，「日」字下緣裂開殘損。

敦本堂彩繪矗立在地震後坍塌的建築殘堆之中。

敦本堂彩繪牆經修補彩繪後樣貌

　　此圖是已經將玻璃纖維完成剝離，並將大部份脫落的彩繪修補復原。圖中「竹茂」二字為早年重描時的狀況，本館修復時仍然按照地震後當時的原貌加以復原，未另作考証復泹，以忠實原樣。

　　竹山敦本堂白灰土堵牆壁畫，位於第一進的門廳背面次間，牆面分上下二堵，下堵為條砌磚牆，雙道水磨磚框，框內凹陷仍作條砌，亦無琉璃花磚，上堵用白灰粉刷牆，粉出邊框，施以彩繪。利用框與底之落差，作成左右放置之彩繪對聯，中間上方書法橫披及下方圓形繪畫中堂。

　　右次間壁面雖為繪彩作品，卻展現了繪畫與書法一整組畫面的構成，橫披以青色繪彩鑲，以四隻蝙蝠護住圓框四角，框內繪傳統水墨畫一幅，左側題款云：「難得名花盛開　旅寫陳英」，「難」字已模糊損失，描繪一片山水之古松居舍間，有一文士閒坐庭園賞花的情景，繪畫技法，與揚州八怪中黃慎的筆法趣味十分相近，與其他彩繪畫工的技法相較，尤富有濃厚的文人氣息。左右兩側有以「敦本」二字起首的嵌字行書對聯，上聯為「敦孝友以傳家繩其祖武」，下聯為「本精勤而創業貽厥孫謀」。

敦本堂彩繪牆地震後現場狀況。

彩繪雕花壁窗〈月洞窗〉

材質：木質

長：271cm 寬：200cm 高：6cm

現況：加下頁牆板為一組件。

　　木質隔間用窗，在中國傳統建築中所發揮的功效
很大，形式多元化。圓窗內部四角處各設一隻蝙
蝠（福），而在外框的左右兩側則各繪一幅傳統中
國山水畫，整體感非常典雅。

槅扇

材質：木質

長：249cm 寬：45cm 高：5.5cm

特徵：爲隔間之槅扇，有正反二
　　　面，正面上首有團扇形，
　　　書法：「台痕上階綠，草
　　　色入簾青」，中間有淺浮
　　　雕彩繪「歲朝清供圖」以
　　　紅、青金彩繪。背面上首
　　　有團扇形，書法：「騰起
　　　蛟鳳，孟學士之詞宗」。

用途：爲建築中之木製槅間隔扇
　　　。

現況：雕刻彩繪上已見剝落。

槅扇

材質：木質

長：161.8cm 寬：41.4cm 高：5.7cm

特徵：紅藍彩繪，門上部寫有書法：「富貴
　　　昌宜」四字

現況：彩繪脫落、底部腐蝕；其上部寫有書
　　　法，但已模糊難辨。門板背面，無
　　　紋、無修飾物。

束仔
材質：木質
長：49.5cm　寬：11.5cm　高：5cm

特徵：呈扁平形木構件，上有彩繪，兩面刻有卷草紋飾。
用途：斗栱兩側木構件
現況：大致完整，部份彩繪剝落。

束仔
材質：木質
長：20cm　寬：17cm　高：5cm

特徵：木料呈扁平形，透雕雲紋圖案鬆漆剝落。
用途：斗栱之兩側木構件。
現況：漆剝落嚴重，大致完整。

雕花木斗構件
材質：木質
長：53.5cm 寬：21.3cm 高：96cm

用途：建築構件（栱）
現況：良好。

敦本堂左護龍震災後景象

雕花木斗構件
材質：木質
長：52.5cm　寬：21.5cm　高：80.5cm

用途：建築構件（栱）
現況：良好。

雕花木斗構件
材質：木質
長：52.2cm　寬：18.3cm　高：68cm

用途：建築構件（栱）
現況：良好，是建築物正面平行的門楣以
　　　上之構造，使用串栱，可增加強度
　　　防止被桁壓曲。

雕花木斗構件

材質：木質

長：21cm 寬：21.5cm 高：55cm

用途：建築構件（瓜柱）

現況：良好。四面雕花紋。設在屋簷下，以增加華麗之
　　　感。裝置構件的位置稱為「二甲」，通常略凹入。

雕花木斗構件
材質：木質
長：22.5cm　寬：22.5cm　高：90.5cm

用途：建築構件（直斗）
現況：良好。
　　　台閩建築構造中斗的種類多，
　　　有簡單方斗、六角斗、八角
　　　斗、圓斗等。

雕花木斗構件
材質：木質
長：21cm　寬：23cm　高：58.5cm

用途：建築構件（吊筒）
現況：良好。

雕花木斗構件
材質：木質
長：21cm 寬：23cm 高：58.5cm
用途：建築構件
現況：良好。

束仔
材質：木質
長：20cm　寬：17cm　高：5cm

特徵：木料呈扁平形，透雕雲紋
　　　圖案，漆剝落。
用途：斗栱之兩側木構件。
現況：漆剝落嚴重，形制完整。

樑構件
材質：木質
長：71.3cm　寬：7.7cm　高：11.6cm

用途：建築構件（瓜頭串）
現況：尚可，素紋，簡單樸素。

樑構件
材質：木質
長：71cm　寬：7.5cm　高：12cm
用途：建築構件（瓜頭串）
現況：尚可。

雞舌木構件
材質：木質
長：70.5cm 寬：87.5cm 高：19.5cm

用途：建築構件（栱）
現況：尚佳。

束仔

材質：木質

長：60cm　寬：13cm　高：6cm

特徵：木構件，呈扁平條形，
　　　線刻雲紋紋飾，無漆。

用途：斗栱兩側之木構件。

現況：完整。

竹山鎮敦本堂左護龍在震災後,屋頂坍塌,大木構樣
貌。圖片前方即「束仔」的位置。

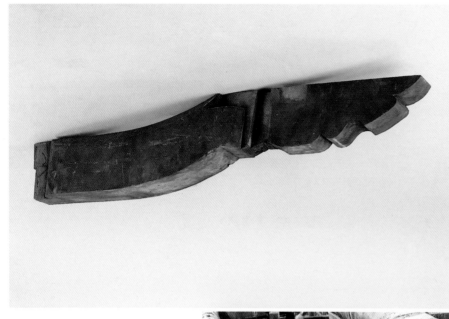

樑構件
材質：木質
長：100.5cm 寬：8.7cm 高：21cm
用途：建築構件（拖木）
現況：良好。

敦本堂左護龍災後大木結構樣貌。

樑構件
材質：木質
長：60.5cm 寬：15.5cm 高：5.5cm
用途：建築構件
　　樑構件，看去就只是一塊木
　　頭。但把凹凹凸凸的接合處
　　接起來，卻牢固而緊密。這
　　便是中國建築的奧祕：簡單
　　中自有奧妙之處。

樑構件

材質：木質

長：66.2cm　寬：55cm　高：9cm

用途：建築構件（拖木）

現況：良好。沒有上色但以透雕方式呈現
　　　線條流利的紋飾。

敦本堂左護龍震災後樑構件位置。

升

材質：木質

長：16cm　寬：16cm　高：11.5cm

特徵：木構件，底呈八角形，上端有單向形卯口，可承栱、翹、斗等。

用途：支撐斗栱

現況：完整

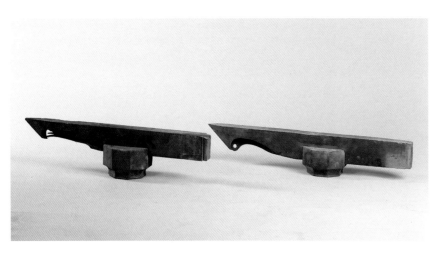

雞舌木構件與升

材質：木質

長：75cm　寬：8.5cm　高：5.5cm

用途：建築構造（特栱）

現況：尚佳。

敦本堂護龍震災後現場，可見到「升」、「雞舌」的組成
狀況。

斗
材質：木質
長：20.7cm 寬：20.5cm 高：12cm

用途：建築構件
現況：四方斗，狀態良好。

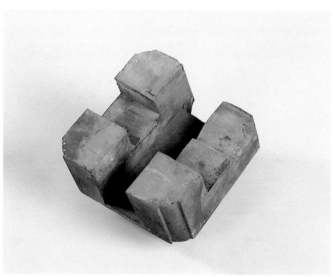

斗
材質：木質
長：19.9cm 寬：21cm 高：15cm
現況：這件是最簡單的方形斗。

樑構件

材質：木質

長：31cm 寬：7cm 高：20cm

特徵：斗栱的一種，中國建築物中發現斗栱的形似多元化，促
　　　使瓜筒的發達。這一件以透雕方式，成熟的雕法表現出
　　　流利的曲線美。

用途：建築構件

門板
材質：木質
長：207cm
寬：82cm
高：10.5cm

特徵：平實樸素
用途：建築構件
現況：無損

敦本堂以精細的木作獨樹一幟，得到高度評價，被列為台灣十大古厝之一。其實除了精細外，還有與精細相對的樸素。從兩者的對稱中得到和諧之美，更是它得到高評價的原因。

門板
材質：木質
長：206.5cm
寬：76cm
高：11cm

特徵：清理前門板上釘有一綠色塑膠板。
門的特點是：製造工藝簡便，外型也簡單大方。但門還是可以從用途、構造、式樣和開啓方式等多種來分。此塊門板應還有一塊，合成雙扉門。

門板
材質：木質
長：211.7cm
寬：78cm
高：10.5cm

用途：建築構件

原是暗紫色的木質，因煙薰等原因，變成暗黑色了。這是雙扇門的其中一扇，應是置於廳堂入口位置。

門板
材質：木質
長：117cm
寬：56.5cm
高：98.8cm

用途：建築構件

門一般是用一塊木板做成，此扇門卻由數塊合成。從斑駁的表面看來，本來是有彩繪的。

門板
材質：木質
長：228cm　寬：72.5cm　高：4.8cm

特徵：正面有字「人往高處爬，水往低
　　　處流，順著環境走，不然你就會
　　　被淘汰」。
　　　敦本堂建成於1906年，距今已將
　　　近百年。初建成時當然繁華熱
　　　鬧，但老成凋謝之後，慢慢地便
　　　可能成了空屋。之所以門板上才
　　　會寫上這些字吧！

門板（一組兩片）

材質：木質

長：49cm　寬：211.5cm　高：6cm

特徵：門板上分別有「禮門」「義路」字樣

門板(一組兩片)

材質：木質

長：241cm 寬：99cm 高：9.5cm

用途：建築構件

此塊門板由六塊長條板合成，但顏色不一，又有
黑斑又有補塊，顯出歷盡歲月滄桑的種種過往。

門板(一組兩片)
材質：木質
長：233cm 寬：122cm 高：6.5cm

特徵：分隔內外之意
用途：建築構件
現況：彩繪色漆剝落嚴重

門板（一組兩片）

材質：木質

長：213.2cm　寬：
　　49.4cm　高：
　　5.3cm

特徵：門板上分別有
　　「事理通律」
　　「心氣和平」
　　字樣。
　　木質門板。門
　　板上除了加簡
　　單的金屬質
　　「鋪首」一對
　　之外，沒有紋
　　飾或修飾物。

小扇門(一組2件)

材質：木質

長：100cm 寬：38cm 高：4cm

特徵：門是用來區分裡外的 。民初時期，一般人家的正
　　　廳大門大抵都是此種雙扇門，扣上下門栓。

木門眉木印（一對）
材質：木質
長：16cm　寬：16.5cm　高：6cm　柄長：33cm

現況：木質，建築構造之一。

敦本堂門眉木印現場

門楣
材質：木質
長：156cm
寬：45.1cm
高：5.2cm

特徵：門楣是門框上的橫木
　　　。舊時權貴之家有門
　　　楣高大，或附浮雕及
　　　其他飾件，故有以門
　　　楣喻門第之說。

門楣
材質：木質
長：116.5cm
寬：12.5cm
高：5.5cm

用途：建築構件
說明：門楣是門戶上的橫樑
　　　。因此，也以門楣來
　　　稱門第，如「光耀門
　　　楣」。
　　　此件既細長又呈雙弧
　　　形，寓含結綵的意
　　　味。

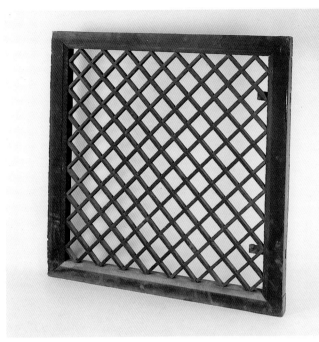

花格窗
材質：木質
長：100cm 寬：107.1cm 高：5.6cm
特徵：木質窗，形狀來自編織紋。

花格窗
材質：木質
長：100cm 寬：107.1cm 高：5.6cm
特徵：木質窗，形狀來自編織紋。

花格窗現場

花格窗
材質：木質
長：106.5cm
寬：92cm
高：5.6cm

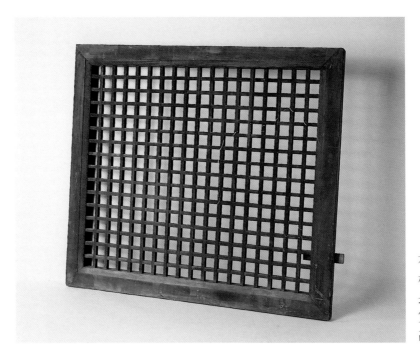

花格窗
材質：木質
長：106.5cm
寬：92cm
高：5.6cm

花格窗
材質：木質
長：105.5cm
寬：89cm
高：5.4cm

花格窗
材質：木質
長：105.5cm
寬：89cm
高：5.4cm

花格窗
材質：木質
長：105cm
寬：103cm
高：5.5cm

花格窗
材質：木質
長：105cm
寬：103cm
高：5.5cm

敦本堂左護龍現場

花格窗
材質：木質
長：105cm
寬：103cm
高：5.5cm

花格窗
材質：木質
長：105cm
寬：103cm
高：5.5cm

破子櫺窗
材質：木質
長：96.5cm　寬：123cm　高：14.5cm

特徵：厚而密
用途：建築構件

條狀直線給人一股森然嚴密的感覺。此櫺窗是古代人智慧的一種表現，它可開可閉，作用類同於現在的百葉窗。

鏡面板屏
材質：木質
長：113cm
寬：141cm
高：5.5cm

特徵：木質優良
用途：彩繪玻璃安置
　　　的板屏
現況：良好
說明：這塊板屏可以
　　　讓我們看到木
　　　頭 的 顏 色 之
　　　美。板屏也可
　　　以叫做屏板，
　　　屏板是目前裝
　　　飾工藝中運用
　　　的最廣泛的一
　　　種體式，其上
　　　裝飾的可以是
　　　書畫或文字說
　　　明，或圖表或
　　　照片等。

花格窗
材質：木質
長：106cm
寬：90cm
高：5.4cm

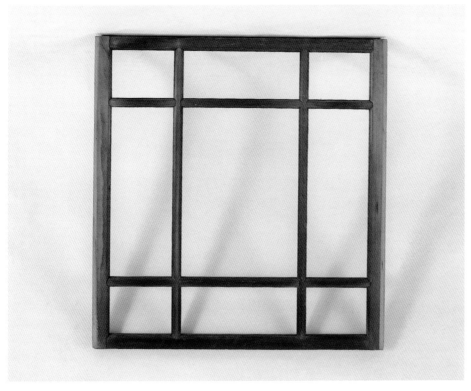

窗框
材質：木材
長：90cm
寬：87cm
高：3.5cm

特徵：爲一完整之外木框，
　　　以木條呈井字形分隔
　　　爲九部份。
用途：窗之外框
現況：完整

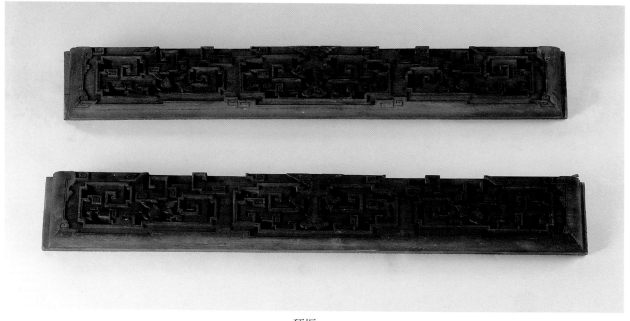

頂板
材質：木質
長：94cm 寬：9cm 高：18.5cm

用途：建築構件
　　　建築類的專有名詞裡有「頂棚」，即「天花板」。頂板當然不是頂棚，但應該也屬於建築物上部所使用之物。

飾板(破子櫺窗下板)
材質：木質
長：85.6cm 寬：4cm 高：11.4cm

特徵：雕工細緻，極具裝飾之美
用途：建築構件
　　　原木雕刻的這一組破子櫺窗下板，以深雕手法做成。由於木材有特定的肌理紋路，故傾向於橫直線條雕刻花樣，較少用曲線和圓線。

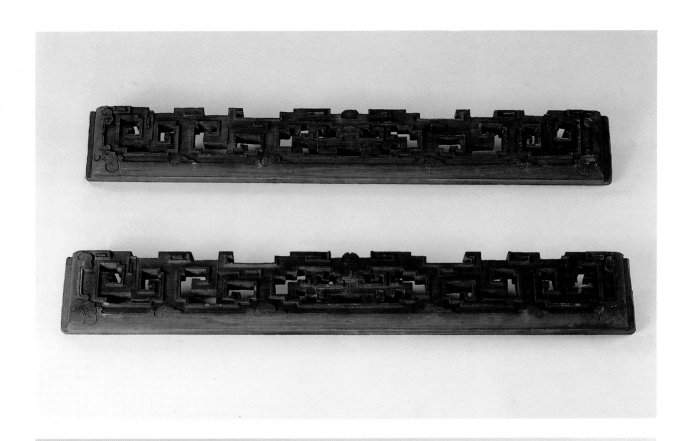

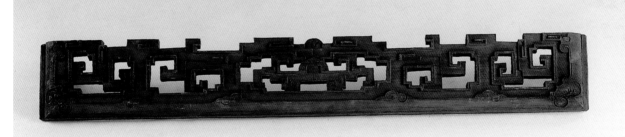

飾板(破子櫺窗下板)

材質：木質

長：85.5cm 寬：4cm 高：11.5cm

特徵：雕工精細

用途：建築構件

　　破子櫺窗下板一則承托其上的格子窗，一則帶起其下的牆面板，有實際的用
　　途，但也有裝飾意味。一般是用深雕手法作成，此處卻又出現透雕的作法。

破子櫺窗下板

材質：木質

長：85cm 寬：11.5cm 高：3cm

特徵：古樸的原木

用途：建築構件

　　此板原置於雕花格窗之下，是敦本堂木細工最精彩的門廳室內的一建築構件。
　　依照講求均衡和相稱的中國建築原理，應該還有一塊合成是一組兩件。

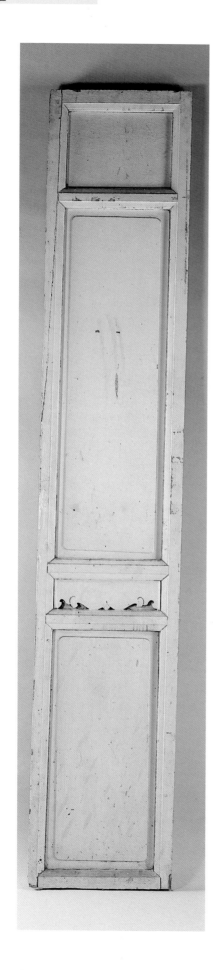

月洞窗

材質：木質

長：140cm 寬：140cm 高：7cm

用途：實用兼裝飾

　　此月洞窗原是正方形體。但四
周各角以透雕手法做成正三角
形的相同的鳥形或蝙蝠形樣
式，中間便明顯成爲一個直條
式的大圓窗了。

窗組
材質：木質
長：147.2cm
寬：103.2cm
高：46cm
框厚：18cm

花格磚（綠釉）
材質：磚、釉
長：34cm 寬：34cm 高：4cm
用途：圍牆用。
現況：良好。花磚燒溫高，胎
　　　土粗糙施釉。花磚的花
　　　紋多元化，用途除了做
　　　磚牆之外，也兼做磚
　　　窗。

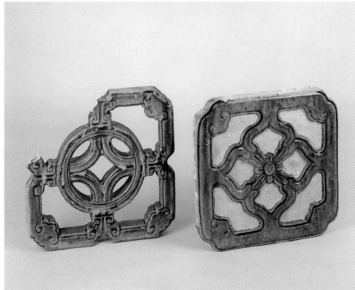

釉面陶磚窗
材質：磚、釉
長：32.5cm 寬：32.5cm
高：4cm
說明：翠綠色釉的琉璃花磚是
　　　台灣清代中葉之後建築
　　　常見的特有建材，本件
　　　是用於窗戶通氣之用。

空心磚
材質：磚
長：15cm 寬：15cm 高：2.5cm
用途：建材
特徵：中空紅磚，素燒無釉，
　　　外形約略或八角形，裝
　　　作時皆以特製鐵模子鑄
　　　成磚胚再進窟燒成。多
　　　鑲砌於窗上或屋脊上。
現況：完整

敦本堂建築用的磚，屬於閩
南式建築的砌疊方法。

敦本堂用於外牆的磚。

敦本堂穿廊用的磚。

青斗石階

材質：石質

長：170cm 寬：36cm 高：20cm

特徵：下面的石階（石板狀）和上面的6
件圓形石柱是建築構造中最基本、
最重要的基石之一。石階以折枝植
物紋與雲紋組成，石柱是以蓮紋為
主紋飾。但台灣古建築的石柱中除
傳統的中國紋飾之外，又常見西式
風格與西式紋飾者。

柱礎

材質：石質

長：40cm 寬：40cm 高：27cm

用途：建築構件

現況：做爲木材圓柱的基石用，是硬度堅固的
花崗石類，可能來自對岸福建一帶。

門扇基石
材質：石質
長：42cm 寬：17cm 高：12cm

用途：閩南建築構件中，常見的石
　　　戶碇之一，做為建築基地
　　　用。

柱礎
材質：石質

用途：建築構件

現況：圓柱之基石，型圓。常
　　　見者有方型，亦有圓
　　　型，較講究者，在基石
　　　的四面加以精緻的雕刻
　　　紋飾。

陶罐

材質：陶

特徵：色褐、寬口外反、短頸、斜肩、平
　　　底、胎土粗糙且夾粗砂，這類罐是
　　　提裝酒、裝水或醃菜用，所以爲每
　　　戶必備的日用器冊之一。

用途：日用。

現況：尙佳

陶罐

材質：陶

高：25cm　徑：22.5cm

特徵：此器爲褐釉陶罐，器蓋已失。器身
　　　呈束頸、寬腹、圓口、平底、罐口
　　　外緣加一圈槽，素燒後後上黑彩，
　　　褐色釉及透明釉。

用途：容器，多作爲醬缸用。

現況：完整，缺蓋，頸口略有裂痕。罐身
　　　露出素燒原色、黑、褐素三層顏色
　　　區。

花瓶
材質：瓷
高：46cm 徑：13cm
現況：破片。
　　經過本館研究人員將花瓶破片重新
　　組合並以石膏修補遺失部位，使花
　　瓶恢復原本形狀。

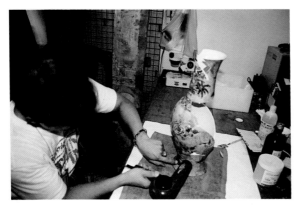

本館研究人員正在進行花瓶修補工作。

皮箱
材質：皮
長：67cm 寬：36cm 高：18.5cm
特徵：日本製造之皮旅行箱，箱
　　　之四角加固。
用途：旅行皮箱，或醫生用提箱
　　　。
現況：可開啓，表皮有磨損痕跡
　　　，箱內裝有鋼筆頭一個，
　　　溫度計一支，醫用手套一
　　　只。

檔案櫃
材質：木質
長：50cm 寬：35cm 高：58cm
特徵：木製多層檔案櫃，落地
　　　式，櫃門已失。
用途：置物用。

彩繪牆板
材質：木質
長：83cm 寬：32cm 高：1.8cm

用途：裝飾
　　在門壁上鑲嵌繪圖瓷片的作
　　法，是閩南式建築常見的裝
　　飾作法，若是木質的彩繪
　　板，則大抵是活動式，採懸
　　掛的方式呈現。

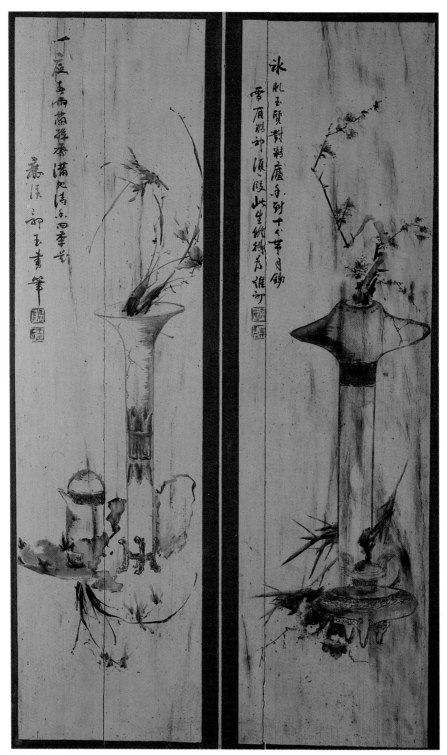

彩繪牆板

材質：木質

長：160cm 寬：83.9cm 高：1.5cm

用途：建築飾物

一棟豪宅或華屋，內部必然有各種擺設和裝飾。尤其人人都樂
於附會「風雅」，所以「四季圖」、「山水圖」，或對聯，詩詞
文章等的書法掛軸，是正廳和書房必有的配件。

彩繪牆板
材質：木質
長：160.8cm 寬：96cm 高：6cm
用途：建築飾物

東勢鎮—善教堂、劉氏宗祠

善

教

堂

　　墾民拓墾下新庄時，當年由大陸故鄉跨海迎奉來台的武聖關聖帝君及三山國王令旗鎮座庇佑，同時於今善教堂前馬路旁興建小型王爺寮，祀奉兩尊神位。光緒二十一年（1895）清廷頒令嚴禁民眾吸食鴉片，村民有毒癮者戒除煙毒，關帝廟戒毒聲名逐漸傳開。

　　1898年有數十位戒煙毒成功者，為感念關聖帝君協助戒毒恩澤，倡議籌備擴建關聖帝君廟。1899年破土興建，廟地共八百餘坪，正身為三開間，三合院式建築，拜亭雕樑畫棟，氣勢宏偉，廟前廣場寬敞，1902年歲次壬寅，新廟竣工，神殿正廳掛區「善教觀成」。甲午戰後，文祠宮內所奉祀的至聖先師孔子、文昌帝君、朱文公（朱熹）、韓文公（韓愈）等神像曾暫遷至下新庄善教堂（關聖帝君廟），等待機會將神像迎回。

　　1945年，下新庄二里聯合里民大會上建議組織善教堂管理委員會，獲得滿場通過，並由詹昭福出任首屆主委，從此善教堂正式獲得良好管理。

　　民國59年，善教堂建設活動中心供民眾使用，並於寺廟橫屋設置下新庄三里聯合辦公處服務民眾，闢建水泥混凝土曬穀場，籌建托兒所及長壽俱樂部。善教堂儼然成為下新庄的居民最重要的信仰中心、教化中心及活動中心。

　　1999年九二一大地震，善教堂不幸遭受徹底摧毀，善教堂將損毀拜亭等建物木雕器物、歷史文物等慨捐國立歷史博物館整理展出。

　　一年後的今天，下新庄居民，收拾起震災的恐懼，正全力為重建家園努力，也展開善教堂的重建工程，祈望在關聖帝君庇佑下，順利重建完成。

香筒

材質：木質

長：33cm　寬：19cm　高：30cm

說明：

特徵：卷冊外型

用途：置香

現況：完整

刻有善教堂通天香筒，歲在己亥冬月，楊立富敬
贈等字。木質，形如卷冊，上有銘文是刻的，功
用爲置香。類此形似之器物無論是木質或陶質，
在台灣民間生活中屢見。竹或陶、木質捲軸狀則
較爲常見。

善教堂立體示意圖

太師椅

材質：木質

長：59cm 寬：46cm 高：102cm

特徵：上過黑色亮漆、雕刻紋飾

用途：坐椅

現況：左邊扶手斷裂

這件「官帽」椅有龍紋、如意紋、
回紋、雲紋和靈芝紋類組成。椅子
靠背上端略凸高，是戲服中「官帽」
狀而得此名。明代以來我國椅子造
型中最主要的形式之一。

震災後，太師椅壓在斷裂崩落的磚瓦堆
下，本館搶救小組，即刻進行搶救工作。

神轎

材質：木質

長：約49cm 寬：約62cm 高：約67cm

特徵：四個鐵環，部份雕花，有修補的痕跡。

現況：斷裂，毀損非常嚴重。

　　　雕龍首神架木椅，雕工平凡。

鼓、鼓槌

材質：木質、皮

高：56cm　徑：57.5cm

特徵：鼓身木質，皮革，上有木釘固定鼓皮。
　　　鼓是八音之一，它是傳統寺廟宮觀舉行祭典時必
　　　備的法器，一般多與鐘分別懸掛在正殿通樑的
　　　左、右方。此外，鼓亦具報時、集眾之任務。

現況：鼓皮有破洞，係善教堂舊物，已廢置。

木架
材質：木質
長：62cm 寬：36cm 高：64cm

特徵：菱形構件，無法折疊。
用途：上可置物。
現況：毀損、蛀蝕。

鈸一對

材質：銅質

徑：28cm

特徵：鈸一般均成對使用。
　　　鈸屬敲擊樂器，亦係寺廟宮觀舉行祭典等場合中
　　　運用，其音色可爲慶典增添熱鬧氣氛。

現況：上綁紅布中，有破損。

鈸一對

材質：銅質

徑：21.6cm

特徵：鈸一般均成對使用。
　　　鈸屬敲擊樂器，亦係寺廟宮觀舉行祭典等場合中
　　　運用，其音色可爲慶典增添熱鬧氣氛。

現況：形狀完整。

A：大鑼
材質：銅質
高：3.5cm 徑：63cm

特徵：內有「善教堂，下新庄」之字樣。
　　　鑼係打擊樂器，形大者備有鑼架，它係寺廟宮觀舉
　　　行祭典，或神明繞境等場合必備的法器。鑼之音色
　　　要求深、遠、亮，達到警示，爲神明開道之作用。
現況：形狀完好，上有銅鏽。

B：小鑼
徑：37cm

特徵：鑼係打擊樂器，形大者備有鑼架，它係寺廟宮觀舉
　　　行祭典，或神明繞境等場合必備的法器。鑼之音色
　　　要求深、遠、亮，達到警示，爲神明開道之作用。
現況：形狀完好，上有銅鏽。

C：小鑼
材質：銅質
高：2.5cm 徑：31cm

特徵：鑼係打擊樂器，形大者備有鑼架，它係寺廟宮觀舉
　　　行祭典，或神明繞境等場合必備的法器。鑼之音色
　　　要求深、遠、亮，達到警示，爲神明開道之作用。
　　　惟小鑼在使用上較簡便。
現況：形狀尚完好。

D：小鑼
徑：20.5cm

特徵：鑼係打擊樂器，形大者備有鑼架，它係寺廟宮觀舉
　　　行祭典，或神明繞境等場合必備的法器。鑼之音色
　　　要求深、遠、亮，達到警示，爲神明開道之作用。
現況：形狀完好，上有銅鏽。

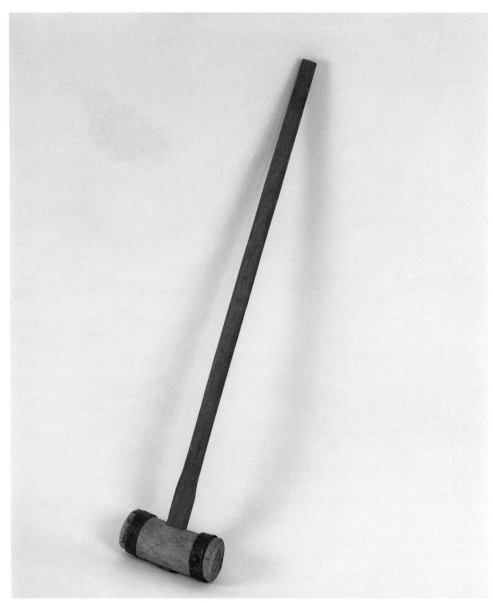

木槌
材質：木質
長：90cm 寬：18.5cm 高：8cm

特徵：木槌部份有兩鐵圈加固
用途：敲鐘或鑼
現況：完整
　　　木槌兩頭以鐵片包住，筒形槌實心。

供桌

材質：木質

長：128cm 寬：52cm 高：104.5cm

特徵：表面曾經重新油漆，現油漆脫落，呈斑剝
　　　狀。正面束腰附近曾遭火燒，留有燒灼後碳
　　　化痕跡。

現況：完整

供桌

材質：木質

長：16cm 寬：50cm 高：103cm

特徵：表面多處有水浸痕跡，漬斑明顯。原有漆塗裝脫
　　　落。整體結構完整。

震災後，善教堂供桌壓在崩塌木構下景象。

供桌

材質：木質

長：91cm　寬：97cm　高：88.5cm

用途：生活用器

現況：部份桌邊磨損，桌面略有彎曲變形。

　　　這種供桌，多用途使用，在祭祀時，可放於神桌
　　　前，作為供奉祭品的桌子，平常亦可作為飯桌使
　　　用，但祭祀時，大都在前方加上刺繡桌圍，以示
　　　美觀與隆重。

木桌

材質：木質

長：106cm 寬：50cm 高：103cm

特徵：外觀狀況尚稱良好，木質表面漆料脫落或遭水浸蝕產生漬
　　　斑，抽屜損壞較為嚴重。以形制觀察為台灣早期之改良型
　　　清式家具，一般俗稱「唐木」。

現況：於置廟內正殿，供廟祝日常使用。

木桌

材質：木質

長：128cm 寬：56.3cm 高：92cm

特徵：外觀及結構均保持良好。表面漆料脫落，屬改良式唐木家
　　　具。抽屜因經常使用故耗損嚴重，中央抽屜曾經加裝金屬葉
　　　片，以便加鎖防盜。

現況：屬廟內放置文件，處理廟務使用。

桌裙

材質：織繡

長：101.5cm　寬：80.7cm

特徵：善教堂沐恩弟子賴石金叩良願。

用途：宗教供桌飾品

現況：少數有殘破及褪色。

　　　這種桌裙，一般用於供桌前方，形制固定，尺寸
　　　則按桌邊的寬度製作，緞地加寬邊爲飾，色彩採
　　　對比色，上部以金線繡龍紋，下半部爲正面盤龍
　　　與一對鳳紋搭配成完整圖案，下有福山壽海，是
　　　大量生產的工藝品刺繡。

傘蓋罩布

材質：織繡

長：140cm　寬：136cm

特徵：善教堂東勢粵寧里下新里，眾信士等敬奉。

用途：宗教裝飾用品。

現況：多數破損。

　　　此項傘蓋用刺繡裝飾分為三段，均用緞地彩繡，
　　　每段加線飾，向下作圓弧形展開，最下邊線加流
　　　蘇為飾，刺繡內容以吉祥的龍、鳳、花卉及八仙
　　　圖案為主，屬閩繡系統的台灣繡莊產品。

八仙彩
材質：織繡
長：470cm 寬：75cm

特徵：張傳盛字樣。
用途：門上裝飾品。
現況：多處破損。

　　八仙彩是在重要喜慶場合，掛在大門前的刺繡裝飾品，大都

用紅色緞地，加彩繡或金線繡，圖案大都用八仙圖案，加其他的吉祥紋飾，此件在每二位間飾萬壽團花，一般用在祝壽的場合。

大轎飾品一對（2件）

材質：織繡

長：100cm 寬：11.5cm

用途：裝飾生活用品。

現況：繡面部份脫落。

神明出巡所使用的神轎，在轎頂的周緣所使用之
裝飾用品，緞地繡金行龍，在龍紋部份，內襯棉
花在織金線，所其增加立體感覺。

三角蟠

材質：木質、布

長：132 寬：44

用途：儀式裝飾用品。

現況：繡線全部脫落。

　　　旌旗是神轎出巡行列中，十分重要的必要用品。

　　　內容大都飾其所屬的堂號或姓氏。此件旗幟因繡

　　　線已全部脫落，所以不清楚其詳細狀況。

屋脊木構

材質：木質

長：516.5cm 寬：99cm 高：67.5cm

用途：建築構件。

現況：部份缺損。

屋頂的最高部份所使用的木結構，分左右兩側斜面延伸，其下有支撐屋頂的半圓形木構件與屋樑相銜接，是屋頂建築最重要的部位。

上圖屋脊木構即位於本圖中，屋脊正下方位置。

加官
材質：石灰
長：27cm 寬：32cm 高：60cm

特徵：完整
用途：此二件或係寺廟屋頂垂脊上之裝飾。文官持笏表示
　　　「加官」，白鶴象徵「益壽」，二者相組合正有「加官
　　　益壽」之吉祥意義。
現況：文官及白鶴均有殘損，並已脫離原建築物。

原善教堂屋頂剪黏位置。

鶴

材質：石灰、鐵

長：54cm 寬：55cm 高：83cm

特徵：石灰加彩繪。

用途：此二件或係寺廟屋頂垂脊上之裝飾。文官持笏表
　　　示「加官」，白鶴象徵「益壽」，二者相組合正有
　　　「加官益壽」之吉祥意義。

現況：文官及白鶴均有殘損，並已脫離原建築物。

圖左方即為上圖，鶴的原來位置。

加官、鶴

材質：石灰、鐵

長：82cm 寬：60cm 高：75cm

特徵：水泥石灰彩繪。

用途：此二件或係寺廟屋頂垂脊上之裝飾。文官持笏表
　　　示「加官」，白鶴象徵「益壽」，二者相組合正有
　　　「加官益壽」之吉祥意義。

現況：文官及白鶴均有殘損，並已脫離原建築物。

善教堂屋頂剪黏原來位置。

獅子
材質：石灰
長：43cm　寬：26cm　高：30cm

特徵：此件係寺廟建築屋頂正脊上的裝飾。
用途：此獅子探坐臥姿，昂首張口，在宗教民俗上具祥
　　　瑞象徵，兼有鎮邪壓勝之效。
現況：獅身部份殘損。

八卦
材質：金屬、水泥
長：24cm 寬：23cm 高：6cm
特徵：此件係善教堂前殿屋頂正脊上的裝飾。
用途：麒麟係祥瑞之象徵，太極八卦係辟邪物，在道教中具有
　　　定位、鎮宅及制煞的威力。
現況：完整

（屋脊上）麒麟
材質：水泥
長：69cm 寬：69cm 高：27cm
特徵：此件係善教堂前殿屋頂正脊上的裝飾。
用途：麒麟係祥瑞之象徵，太極八卦係辟邪物，在道教中具有
　　　定位、鎮宅及制煞的威力。
現況：麒麟全身殘損，原黏附在其左側身之八卦已脫落。

花堵（局部）

材質：水泥質

長：約70cm　寬：約25cm　高：約9cm

特徵：彩繪古文官武官圖案，一截是紅色彩繪透雕。

現況：斷成數截，今只見三截及小塊碎塊。

　　　水泥質，破損嚴重。繪有著寬袖長衣的漢官（文、武人）。第一截之對稱構圖的纏枝植物紋具有線條美。

東勢鎮善教堂現況，89年8月18日攝。

材質：水泥

長：48.5cm 寬：24cm 高11.5cm

特徵：紅、藍、綠色彩繪，龍形圖案已斷裂成數塊。

用途：裝飾。

現況：右下角彩繪脫落。

　　　圖中右龍身軀線條流暢柔順，搭配有雲和蓮葉。龍造雲和
　　　雨，荷（蓮）則象徵多子。所以此圖象徵子孫綿衍、永遠
　　　團結在一起。

屋瓦—筒狀瓦當

材質：瓦

特徵：此批係善教堂各殿屋頂必要構件之
　　　一。

用途：建築用品。筒瓦係橫斷而作半圓筒形
　　　之瓦片，具有防漏、防風及隔熱等功
　　　用。

現況：此批筒瓦均已脫落、殘損。

善教堂拜亭屋瓦

屋瓦—筒狀瓦當

材質：瓦

特徵：此批係善教堂各殿屋頂
　　　必要構件之一。

用途：建築用品。筒瓦係橫斷
　　　而作半圓筒形之瓦片，
　　　具有防漏、防風及隔熱
　　　等功用。

現況：此批筒瓦均已脫落、殘
　　　損。

屋瓦—筒狀瓦當

材質：瓦

特徵：此批係善教堂各殿屋頂必要
　　　構件之一。

用途：建築用品。筒瓦係橫斷而作
　　　伴圓筒形之瓦片，具有防
　　　漏、防風及隔熱等功用。

現況：此批筒瓦均已脫落、殘損。

門板（一組兩片）

材質：木質

長：96cm 寬：46.5cm 高：10cm

特徵：木頭上藍漆，鐵質門環。

用途：建築構件

現況：共兩件

　　閩南式建築的門，都使用
　　二片對開的形式，外側關
　　閉時只有門環，內側則在
　　木板中間部位，一扇用直
　　式木條製成門栓，另一扇
　　有一橫木，可以向前移動
　　固定後鎖住。

門框

材質：木質

長：207.5cm 寬：137cm 高：35cm

用途：建築構件

現況：部份缺損

　　大型門的外框，直接鑲嵌於
　　門上，閩南式的建築，每間
　　房屋之間所開的門，有時只
　　有門框，並不加門，而是使
　　用門簾來隔開。

木窗格

材質：木質

長：110cm 寬：19.5cm 高：84cm

用途：建築構件。

現況：部份殘，但大體完整。
　　　民間建築構件木窗格，窗格
　　　有種種花飾，這種直條木窗
　　　格是最簡單的一種形制。

門圍

材質：木質上彩漆

長：114cm　寬：46.5cm　高：3.7cm

特徵：建築構件。

現況：尚可。

門圍是在木門外另加的一道門，平常因為木門不
關，所以用兩扇門圍來隔內外，可以防止雞、鴨
或家畜等進入，大都以木條作間格式的直條鏤空
之形制，一面有隔開的作用，但不會使空氣，光
線完全阻隔。

楣板

材質：木質

長：75cm 寬：58cm 高：2cm

特徵：彩繪，兩片木板銜接而成、有八枚竹釘。

現況：右上角斷裂，彩繪內尚有一層圖繪。

這幅「天官賜福圖」該是最受民間歡迎。掌理人間爵祿的天官，特來獻富貴萬年春，手上執笏象徵「加官進祿」。歲次壬申，係爲民國八十一年重繪。

楣板

材質：木質

長：75cm 寬：58cm 高：2cm

特徵：彩繪，兩片木板銜接而成。

楣板上書法「懷桔遺親，六十七年元月作。」此
楣板作過色層處理，保留六十七年元月所作之彩
繪，可與160頁之楣板彩繪作對照。二十四孝的故
事，常為民間彩繪之題材。

拜亭瓜筒

材質：木質上彩漆

長：31cm　寬：33.5cm　高：42-44.5cm

特徵：瓜筒係傳統建築柱樑上的輔助性構件。

用途：瓜筒亦稱瓜柱，指立於拜亭頂棚通樑上之短柱，
　　　形如（金）瓜，上承楹樑，下緣若鷹爪，攫住通
　　　樑。

現況：四件瓜筒已殘損，脫離原附屬之通樑。

震災後善教堂拜亭木結構原貌。

樑構件

材質：木質、油漆

長：136cm

寬：63.1cm

高：28.7cm

特徵：虎形木雕斷裂。

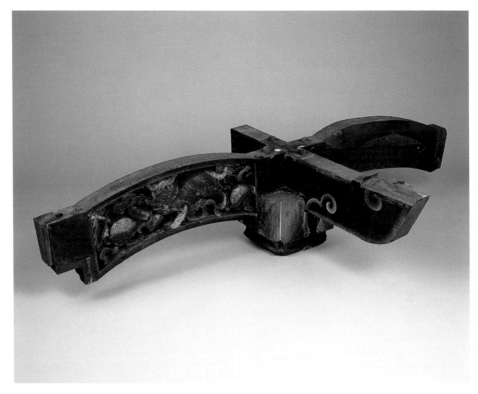

樑構件
材質：木質、油漆
長：72.6cm
寬：141.2cm
高：30.2cm

樑構件
材質：木質、油漆
長：67cm
寬：138.5cm
高：45.5cm

A：樑構件
材質：木質、油漆
長：18.1cm 寬：86cm 高：24.9cm

B：樑構件
材質：木質、油漆
長：18.3cm 寬：85.5cm 高：25.3cm

樑構件
材質：木質、油漆
長：58cm
寬：26.8cm
高：72.5cm

A：捲草紋雀替（柱下裝飾）

材質：木質上彩漆

長：52cm　寬：30cm　高：8.5cm

特徵：雀替係傳統木結構建築之輔助性構件。

現況：斷裂。

雀替也稱托木、插角，通常位於柱樑之交角處，
多呈三角形狀，是鞏固樑柱的構材之一。其題材
有鳳凰、鰲魚、花鳥及人物等。惟此雀替係雕成
捲草狀。

樑構件
材質：木質、油漆
長：16cm
寬：54.3cm
高：6cm
特徵：水鴨雕刻，上半部斷裂。

樑構件
材質：木質、油漆
長：20cm
寬：55.3cm
高：6cm
特徵：鼠雕刻

樑構件

材質：木質、油漆

長：18.8cm　寬：52cm　高：5.8cm

特徵：鶴雕刻。

現況：漆完整，有煙燻痕跡。

樑構件
材質：木質、油漆
長：20cm 寬：57.2cm 高：6cm

特徵：獅雕刻。
現況：右邊斷裂。

樑構件

材質：木質

長：54cm　寬：20.5cm　高：5cm

現況：作色層分析。

　　本圖大象代表吉祥，大象周圍瑞雲縈繞。《晉吏・天文志》記：此氣喜也。瑞氣，一曰慶雲，若煙非煙，若雲非雲，郁郁紛紛。另外，上有葫蘆（祿）和芭蕉（招），含意為多招福祿貴子，即這一圖示太平吉祥圖。

樑構件

材質：木質

長：54cm 寬：20.5cm 高：5cm

現況：作色層分析。

　　本圖亦夔龍又稱「螭虎」，所圍成吉祥圖案。左右各有螭虎一隻，四足和身軀伸展著，構成台灣藝師習稱的「虎口」，虎口大張，作勢欲吞狀。四靈之一的虎威猛，故在建築上安置「左青龍右白虎」，藉以鎮守殿寺。

樑構件

材質：木質

長：53.5cm 寬：20.5cm 高：5cm

現況：作色層分析。

　　左右各有一隻螭虎（夔龍），構成台灣人習稱的「虎口」，虎口大張，作勢欲吞狀。虎威猛可畏，古時列爲四靈之一，有陣威功效，故設在門塞板，做裝飾之外，也有辟邪吉祥之意。

樑構件
材質：木質
長：49.5cm　寬：16cm　高：5.5cm
現況：作色層分析。

雀替
材質：木質
長：73cm 寬：33cm 高：4cm

特徵：金漆、彩繪、透雕
現況：漆掉落

　　圖左邊有石榴，右邊則有八仙之一曹國舅。石榴
　　房中有多子，比喻多子多幅。中國道教信仰中曹
　　國舅可謂福祿壽俱全，享盡人間榮華福貴。

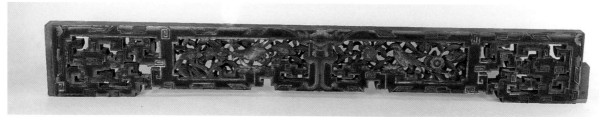

樑構件
材質：木質、油漆
長：27cm 寬：203cm 高：5.5cm

樑構件
材質：木質、油漆
長：20.7cm 寬：191.3cm 高：5cm

（拜亭）獅斗座一對

材質：木質上彩漆

長：76cm　寬：29.4cm　高：25.3cm

特徵：此對斗座係善教堂拜亭的輔助性構件。

現況：獅身殘損，所飾彩漆已脫落。

　　　斗座通常置於寺廟宮觀各殿之通樑上，其功用為
　　　穩定斗栱，分擔部份重量。此對斗座雕成獅形，
　　　一採側姿，一採臥姿，可稱「獅座」。

（拜亭）獅斗座一對

材質：木質上彩漆

長：76cm 寬：50.5cm 高：36cm

特徵：此對斗座係善教堂拜亭的輔助性構件。

現況：獅身殘損，所飾彩漆已脫落。

斗座通常置於寺廟宮觀各殿之通樑上，其功用爲
穩定斗栱，分擔部份重量。此對斗座雕成獅形，
一探側姿，一探臥姿，可稱「獅座」。

鰲魚雀替一對

材質：木質上彩漆

長：86cm　寬：50cm　高：22cm

特徵：雀替係傳統木結構建築之輔助性構件。

現況：原件尚完整，惟彩漆已脫落。

雀替也稱托木、插角，通常位於柱樑之交角處，
多呈三角形狀，是鞏固樑柱的構材之一。其題材
有鳳凰、鰲魚、花鳥及人物等。惟雀替係雕成鰲
魚，藉龍首、魚身、有鰭，取「鯉魚躍龍門」之
典故。

飛鳳雀替一對（橫樑下裝飾）

材質：木質上彩漆

長：84.5cm　寬：34cm　高：12cm

特徵：雀替係傳統木結構建築之輔助性構件。

現況：原件尚完整，惟彩漆已脫落。

　　　雀替也稱托木、插角，通常位於柱樑之交角處，
　　　多呈三角形狀，是鞏固樑柱的構材之一。其題材
　　　有鳳凰、鰲魚、花鳥及人物等。此對雀替雕成飛
　　　鳳，左、右相對，寓意祥瑞。

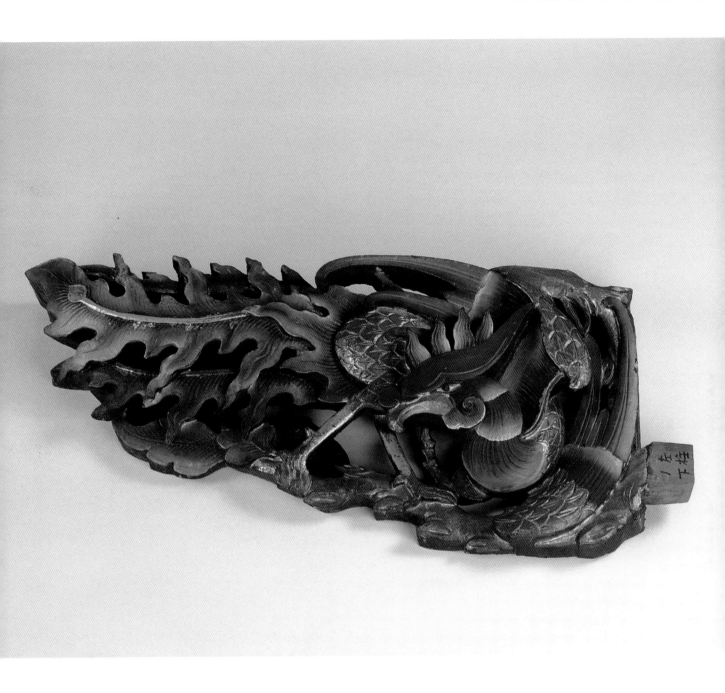

雀替

材質：木質

長：76cm　寬：34.5cm　高：7.5cm

特徵：漆、透雕

現況：漆剝落、大致完整

圖中龍無角，是為螭龍，尾巴變化成草花狀，配上雲。龍本身具有興雲致雨功能之外，並寓意長久綿衍不斷之吉祥寓意。

變形龍雀替一對（柱下裝飾）

材質：木質上彩漆

長：77.5cm　寬：34.5cm　高：7.6cm

特徵：雀替係傳統木結構建築之輔助性構件。

現況：原件尚完整，惟彩漆已脫落。

雀替也稱托木、插角，通常位於柱樑之交角處，多呈三角形狀，是鞏固樑柱的構材之一。其題材有鳳凰、鰲魚、花鳥及人物等。惟雀替雕作行龍狀。

行龍雀替一對（柱下裝飾）

材質：木質上彩漆

長：74cm　寬：33cm　高：8.5cm

特徵：雀替係傳統木結構建築之輔助性構件。

現況：上有鐵釘。

　　　雀替也稱托木、插角，通常位於柱樑之交角處，
　　　多呈三角形狀，是鞏固樑柱的構材之一。其題材
　　　有鳳凰、鰲魚、花鳥及人物等。惟雀替雕作行龍
　　　狀。

花罩

材質：木質、玻璃

長：192.5cm　寬：5.5cm　高：215cm

特徵：由三個構件組成、紅漆

現況：中間構件有幾塊已無玻璃，左側門板玻璃破裂。
　　　看似洗面架或衣架，角落等多處有金漆雕刻。木
　　　框內原有十七塊雕刻飾板，為維護需要，將其拆
　　　下，做表面油漆清理。

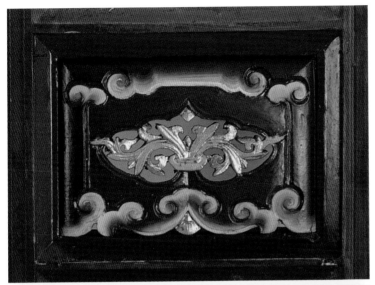

花罩框內的飾品
材質：木質
長：33cm 寬：19cm 高：2.5cm

特徵：金綠紅藍漆，雞及馬的圖案。
用途：裝飾
現況：完整
　　　本圖為傳統建築常用的題材。
　　　錦雞、茶花和馬，借來祝頌
　　　「順利成功」。

花罩框內的飾品

材質：木質

長：28cm　寬：20cm　高：2.5cm

特徵：金綠紅藍漆，麒麟葫蘆圖案

用途：裝飾

現況：完整

　　　圖中有瑞獸、蓮花、葫蘆，象徵太平天下進福祿。

花罩框內的飾品

材質：木質

長：34.5cm　寬：18.5cm　高：3cm

特徵：金綠紅藍漆，刻有麒麟、鳳的圖案

用途：裝飾

現況：完整

　　圖上有錦雞配上茶花，是典型的「錦上添花」，加
　　上瑞麟出現，當然是象徵成功即將出現。

　　表面金漆爲新覆加的塗料，左邊爲經過清除新漆
　　後的原來色層，兩相對照，可觀察文物變化。經
　　過處理的文物，較可延長文物壽命。

花罩框內的飾品

材質：木質

長：34.5cm　寬：18.5cm　高：3cm

特徵：金綠紅藍漆料，刻有寶瓶、桌子的圖案

用途：裝飾

現況：左上角有裂痕，四周稍有缺角。

　　　博古圖內有蓮蓬、荷葉、水草、荷花，構成一幅
　　　「盛夏清賞」，加上魁甲、南瓜（多子）和蓮蓬
　　　（有子）、瓶子（平安）等，寓意「平安多子多
　　　孫」，「魁甲連登」。

　　　表面油漆經過處理、清洗，露出原本彩繪顏色。

花罩內飾板

材質：木質

長：34.5cm　寬：19cm　高：2.7cm

特徵：金綠紅漆。

用途：裝飾

現況：大致完整。

　　　圖中有龍、雙魚、長尾喜鵲（象徵長壽的鳥），再
　　　配上海濤，象徵龍池樂。

花罩內的飾板

材質：木質

長：27cm 寬：20cm 高：2cm

特徵：金綠紅藍漆料，刻有麒麟、葫蘆圖案，左上角存
　　　有一枚鐵釘。

用途：裝飾

現況：完整
　　　圖中有瑞麟、葫蘆、雲，喜氣洋洋。象徵久瑞雲
　　　集，福祿（葫蘆）伴至的吉祥寓意。

花罩內的飾板

材質：木質

長：35cm　寬：19cm　高：3cm

特徵：福、祿、壽三神與兩名散財童子透雕圖飾、五名
　　　人物飾以金漆惟金漆，部份脫落可看見下有一層
　　　紅色漆料，外筐飾以綠、紅漆，上部有斷裂痕
　　　跡。

用途：裝飾

現況：上部斷裂痕跡
　　　道教信奉之福祿壽神仙在此，加上兩邊的散財童
　　　子。人物之外，尚有竹、松、靈芝等吉祥植物。

花罩內的飾板

材質：木質

長：19.5cm 寬：19.5cm 高：2cm

特徵：高浮雕刻有桃，花草圖飾，金綠紅藍漆料。

用途：裝飾

現況：斷成三截。

　　　桃木辟邪，桃子增壽。桃花盛開，舞春風。此圖
　　　可以稱為「花果獻壽」。

花罩內的飾板

材質：木質

長：46cm　寬：19cm　高：2.5cm

特徵：花鳥菊圖飾，金綠紅漆。

用途：裝飾

現況：大致完整。

　　　石上（案上）有茶花、菊花、雙鳥表示四季平
　　　安、吉祥如意。茶花花期長，故又稱長春花，圖
　　　中雙鵲情深，散發出一片喜氣。
　　　右邊爲原來塗裝樣貌，左邊邊框的漆料是化學性
　　　漆，對文物傷害較大，故而去除。

花罩內的飾板
材質：木質
長：46cm　寬：19cm　高：2.5cm

特徵：金綠紅漆。
用途：裝飾
現況：大致完整。
　　　夫妻同榮。一對喜鵲（也可以解釋爲白頭翁）配合牡丹，合而稱「富貴雙喜」或「富貴白頭」。《禮儀》有：「夫尊于朝，妻貴于室矣」。

花罩內的飾板
材質：木質
長：34.5cm
寬：19cm
高：2.7cm

特徵：金綠紅漆，
　　　雀鯉龍圖飾
　　　。

用途：裝飾
現況：大致完整，
　　　表面新漆已
　　　清除。
　　　比喻鳳昭呈
　　　祥。鳳凰于
　　　飛，夫妻相
　　　隨。

花罩內的飾板

材質：木質

長：34.5cm

寬：18.5cm

高：3cm

特徵：金綠紅藍漆料，龍首蝙
　　　蝠圖案。

用途：裝飾

現況：完整，經維護手續處理
　　　。

　　　世人將鳳昭比喻為朝廷
　　　任官的佳音。此圖內有
　　　雙鳳和葫形爐，比喻爐
　　　火鼎盛，合境平安。

花罩內的飾板

材質：木質

長：39cm　寬：18cm　高：3cm

特徵：金綠紅漆、透雕。

用途：裝飾

現況：大致完整。金漆爲新加，左邊樣貌爲經過清洗、
　　　維護程序。

　　　博古架子上有奇木機，內盛有佛手柑柑橘，喻幸
　　　福吉祥、香火鼎盛、福祿多子。博古圖，代表中
　　　國傳統吉祥圖案的精華。台灣天后宮三川殿博古
　　　圖爲代表。

花罩內的飾板

材質：木質

長：39cm 寬：18cm 高：3cm

特徵：金綠紅漆。

用途：裝飾

現況：大致完整。表面做色層分析，露出底層原貌。

木雕裝飾用博古圖，圖內有鼎（鼎盛）、南瓜（多
子）、瓶子（平安）、葫蘆（福祿）、牡丹（富貴）
等，寓意豐富。

花罩內的飾板

材質：木質

長：45cm　寬：9cm　高：2.5cm

特徵：金綠紅漆，龍紋、雲紋透雕。

用途：裝飾

現況：龍首部份的金漆有些微脫落痕跡，可看見底下有
　　　層紅色漆料，雲紋部份的綠漆些許脫落、金漆下
　　　上有數層漆料，可待日後研究。
　　　木雕龍。龍有鱗無角的螭龍，屬水畜能興雲施
　　　雨。中國寺廟內有把各種形狀之龍安置在不同的
　　　地方，藉以發揮不同功能的神功，保護寺廟。

雕刻飾板在花罩上原來位置。

枧盒

材質：木質

長：32.5cm 寬：12cm 高：18.5cm

特徵：底座有善教堂字樣

用途：宗教供奉用品

現況：完整

這種木製雕花餎盒，放於供桌最前方，尚可放三
隻供茶之杯，是宗教用品常見的一項文物。主要
雕花在前方的面上，背面大都保持光素。

視盒
材質：木質
長：27.5cm　寬：26.5cm　高：26.5cm

特徵：傅阿桃敬獻叩答神恩
用途：宗教供奉用品
現況：正面部份脫漆

柩盒側面圖

石礎

材質：石

長：45cm　高：26.5cm　徑：37cm

特徵：建築構件。

現況：部份缺損。

　　　石製柱礎堅固耐用，而美觀一般可分爲圓形、方形、多角形等，主要紋飾在其腹，刻有蓮瓣、開窗浮雕等，腹下有座，柱礎大都成對，是中國建築的對稱結構之反映。

　　　此爲善教堂拜亭木柱下石礎，共六座，兩兩成對，每對形式均不同。

石礎上有浮雕紋樣

劉氏宗祠

　　東勢是台灣中部客家人最早的初墾地，在東勢處處可以看到客家文化特色。鱗次櫛比的客家伙房，一直是東勢客家文化的重要文化資產。初墾（西元1810年）以來建立的老街，是東勢歷史最悠久的一條老街，沿街有長達一公里長的傳統建築群，九二一大地震摧枯拉朽般地把所有古宅都震垮了。鎮內客家大伙房幾乎倒了大半，一向是東勢客家人精神支柱的劉氏宗祠也無力抵擋地震威力被震垮成了廢墟。

藤籃

材質：竹、木、藤

高：49cm　徑：30cm

特徵：原物塗紅色顏料

用途：盛物

現況：顏料脫落、長霉

　　　這種用藤條直接編成的籃子，形制有多種，有方
　　　有圓，有大有小，主要用途為盛裝物品，這件有
　　　四根長藤條構成的掛籃，因體積不大，大都是在
　　　田中裝菜使用。

劉氏宗祠現況　89.8.18.攝

竹簍
材質：竹
高：39cm 徑：48cm

特徵：繫有兩條麻繩
用途：裝盛物品
現況：大致完整

竹簍

材質：竹

高：32cm 徑：41cm

用途：生活用器

　　台灣農村常見的盛裝物品用器，使用時均以扁擔
　　前後挑起，整件用竹篾編成，上圓底方，口緣繫
　　繩四條，使其平衡，有時小孩用一個竹簍盛物，
　　二人用扁擔一前一後挑物使用。

長竹籃
材質：竹
長：63cm 寬：40cm 高：39cm
用途：生活用器

竹魚簍

材質：竹

寬：29cm 高：29cm 徑：12cm

用途：生活用器

　　此種竹片所編的魚簍，口寬束頸，身一面較平，
　　一面圓鼓，底平是到河邊捕魚蝦盛裝物，平的一
　　面，方便使用者背在身上，束頸使魚蝦不易跳
　　出。

蒸籠
材質：木、竹及藤
高：17cm 徑：43cm

特徵：外型由八層木片圈圍而成，以細藤穿孔加固，成
　　　斜線走向。
用途：蒸食物用
現況：外環木片翹起
　　　這種竹制蒸籠，有大有小，有時可以層層相疊，
　　　最高有三層，最上面為蒸籠蓋，用竹片編成、密
　　　合、是台灣早期家家戶戶均有的廚房用品。

蒸籠

材質：木、竹及藤

高：17cm 徑：43cm

特徵：外型由八層木片圈圍而成，以細藤穿孔加固，成
　　　斜線走向。

用途：蒸食物用

現況：外環木片翹起

　　　這種竹制蒸籠，有大有小，有時可以層層相疊，
　　　最高有三層，最上面爲蒸籠蓋，用竹片編成、密
　　　合、是台灣早期家家戶戶均有的廚房用品。

木桶

材質：木質、麻繩

高：32cm 徑：39cm

特徵：兩道麻繩捆住木桶的上下兩端

現況：提手兩端斷裂

　　　這種木桶，用途極多，可做水桶也可做尿桶，一
　　　般均有提手，方便移動，有時亦附木蓋。

瓷碗

材質：瓷

高：7.5cm 徑：16cm

用途：生活用器

現況：口緣有缺損

這件白瓷碗，是一種中型瓷碗，可盛裝有汁的菜
肴，由形制觀之，可能是來自福建一帶所燒製的
產品。

盤

材質：木質

高：7cm　徑：29cm

特徵：木盤上紅漆，經過打磨

用途：盛物用

現況：漆色脫落

　　　圓形，高圓台式圈足，用整塊木料旋切成型，外
　　　加紅色漆，是所謂「四菜盤」，常用於供奉時盛裝
　　　水果使用。

盤

材質：木質

高：7cm 徑：29cm

特徵：木盤上紅漆，經過打磨；左邊盤底實有「意發號」
　　　三個字。

用途：盛物用

現況：漆色脫落
　　　圓形，高圓台式圈足，用整塊木料旋切成型，外
　　　加紅色漆，是所謂「四荣盤」，常用於供奉時盛裝
　　　水果使用。

劉氏宗祠現況，89年8月18日攝。

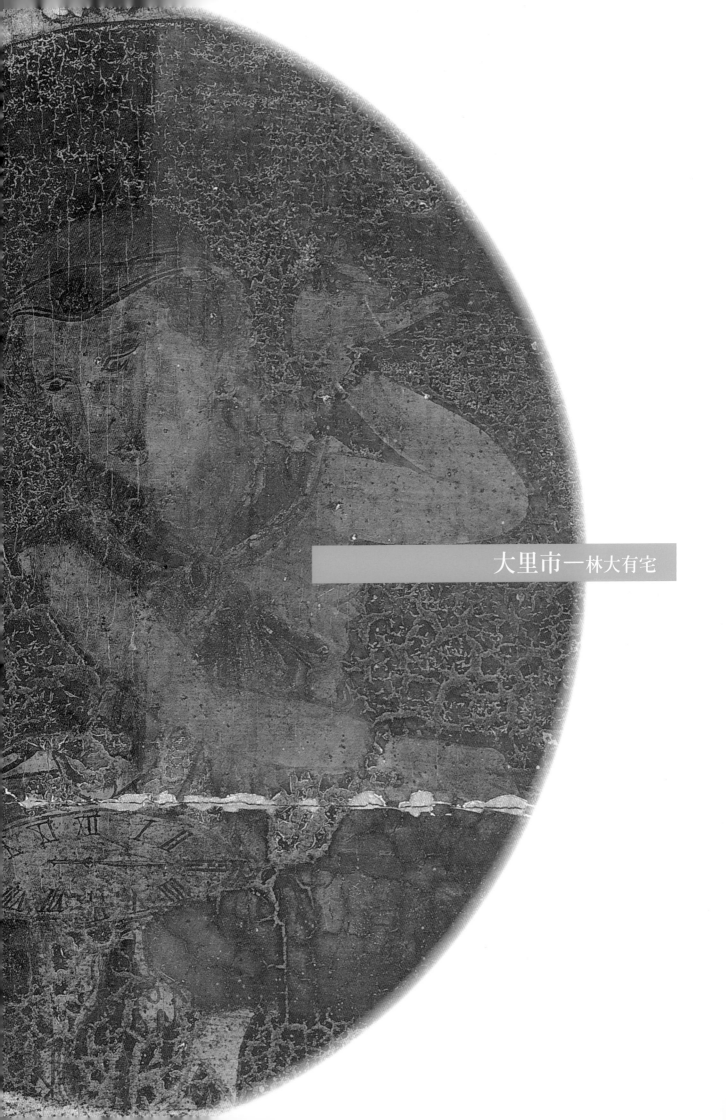

大里市一林大有宅

林·大·有·宅

　　林大有，原籍漳州平和縣人，爲前清武秀才。此宅爲林大有所建，位於台中縣大里鄉樹王路206號。建築年代爲清光緒14年（1888），前後耗時三年始建成。林大有宅的格局爲坐北朝南略偏西，爲一單院落四護廳式的三合院建築，正身帶護龍，這是台灣漢人民居的基本原型。四條護龍間均設有入口門道出入，外護山牆有圍牆連結於外山門，如此形成整個三合院的防護，三合院正身前建有拜亭，護龍中間亦建有過水亭。

　　林大有宅正身大廳（名間）爲神明廳，左右次間及內護龍的私廳供作客廳使用，廚房餐廳則設置於正身與內護龍交接處，其餘的房間大都作起居房，正身作凹形設計向廳內退縮，正廳前部與拜亭樑架上均有精美木雕及彩繪，正身正廳用彩繪板牆作隔間，其他牆壁爲土埆砌成，外牆部份爲紅斗子磚牆形式，內部牆壁大都是以白灰粉飾，正身與山門均採燕尾屋脊，拜亭爲歇山式屋頂建築，美侖美奐，其餘護龍採馬背式山牆，正身次間的磚雕圖案八角窗，與護龍外磚雕瑞獸等圖案，精緻美觀，爲台灣閩式民居少見的上乘佳作，可惜於九二一地震時，此宅受損倒塌大半，僅存二次間及左內護龍尚在，其餘斷垣殘壁。

彩繪木板

材質：木質

長：36cm 寬：34cm 高：2.3cm

現況：彩繪板保存現況不良，表面斑剝。

此件文物外形並整齊的長方形，上下呈弧度，應
是壁面與樑銜接處的繪板區

整體彩繪已經模糊到幾乎無法辨識的程度。隱約
可見畫面中央有一人騎在馬上，左右各有一人站
在馬旁邊。裝飾邊框上黏貼的貝殼碎片，幾乎完
全脫落。

彩繪木板

材質：木質

長：34.3cm 寬：31cm 高：2.1cm

特徵：此塊文物，因長年放置環境因素不佳，狀況甚
　　　差。經本館研究人員以甲醇於表面清洗，並用高
　　　分子材料施以保護，可使文物狀況不繼續惡化。
　　　　彩繪的內容，在描繪一個仕女，正在觀看一面平
　　　放在桌案上的西洋鐘。仕女的打扮十分奇特，並
　　　非一般民間繪畫中的傳統古裝，而是身穿西洋服
　　　裝與頭飾，以此判斷應為日據時期中期以後的作
　　　品。彩繪板周邊貼有貝殼碎片，為當時流行的一
　　　種裝飾紋樣。

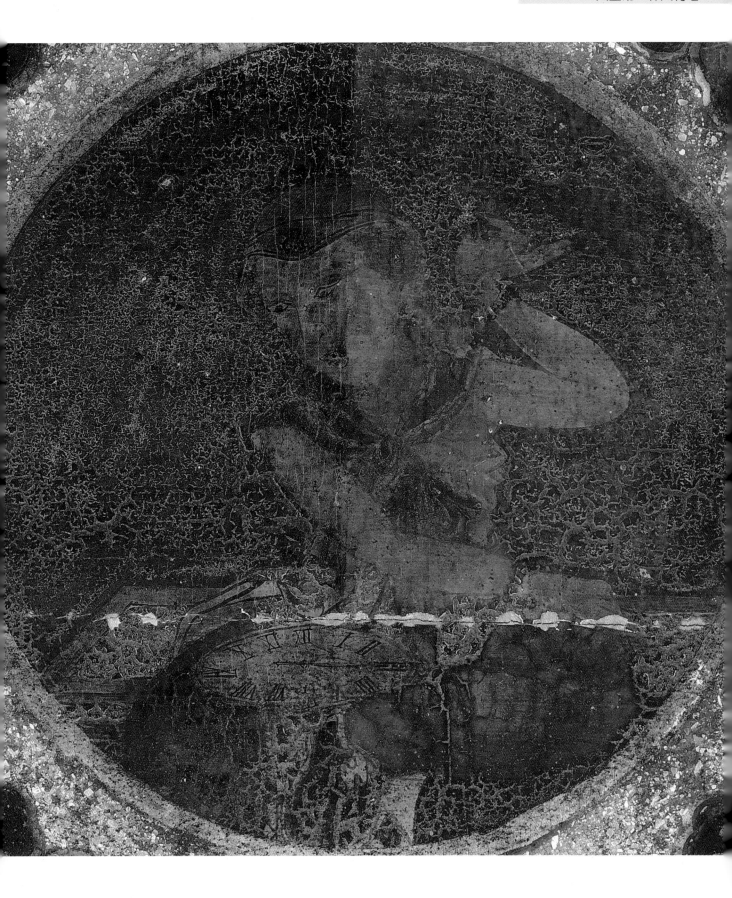

彩繪木板
材質：木質
長：30.8cm 寬：35.3cm 高：2.2cm

特徵：這件文物同樣保存狀況不佳而斷裂、斑剝。本館
　　　研究人員施以乙醇清洗和B72高分子材料加固保護
　　　。在周邊有捲草花葉紋紋飾的裝飾框內，描繪一
　　　個身穿西洋服飾，頭髮捲曲，戴著大耳環，大眼
　　　睛的仕女，正在把玩一隻鸚鵡，畫面下方露出鳥
　　　籠，顯出一派當時富貴人家的景象。

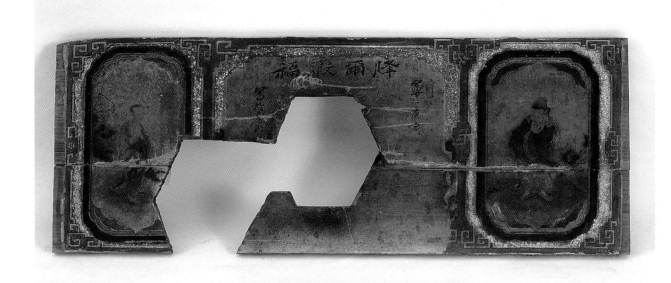

彩繪板

材質：木質

長：93.3cm　寬：34cm　高：2cm

特徵：中間兩個六角形洞，是可使燈樑穿過，二邊的邊
　　　框圖案對稱，貼有碎貝殼片。彩繪顏色依稀可
　　　辨，貝殼貼在紅色底漆上，回文則以白色描繪，
　　　再以藍色填滿。右邊描繪一個長者，帶著小書
　　　僮，左邊則是文人裝扮的年輕人。中間上方有
　　　「降爾祺福」四字，紀年為「庚寅」，庚寅年是
　　　1950年，故此圖應是此時重繪。

楣枋彩繪板

材質：木質

長：40.2cm　寬：166.25cm　高：2.1cm

特徵：板上彩繪、銀漆。

現況：脫落、剝落，圖案難以辨認。

　　　楣枋彩繪板，係位於正廳上方，兩側籤頭部位以捲草紋裝飾，用泥金書「滿」、「堂」二字，再加藍色及紅色雙硬卡子，在枋心框出一個繪畫構圖，繪畫內容爲文人雅集之事。構圖左側繪一敞軒，軒中書案旁有文士四人，或坐或立，讀書弄筆，狀甚悠閒；圖右側則繪軒外庭中，一儒雅文士漫步而來，小僮挑酒傍行，而庭中松下二文士彈琴踞坐相迎之。

　　　繪板保存不良，左側脫漆，彩繪呈現模糊不清現象，但仍約略得見所繪情狀。用筆及賦彩均有一定水準，構圖層次尤見功力，爲台灣繪彩中之佳作。

二十四孝彩繪人物牆板 I

材質：木質

長：154cm 寬：80cm 高：1cm

特徵：彩繪二十四孝故事。

用途：隔間牆之裝飾。

現況：以七片木板組拼成隔間壁板，已散開斷裂及彩繪
　　　剝落。

二十四孝彩繪人物牆板Ⅱ

材質：木質

長：154cm 寬：81cm 高：1cm

特徵：彩繪二十四孝故事。

用途：隔間牆之裝飾。

現況：此彩繪牆板係立於正廳左側中間之隔間壁板，共七片所組拼而成，彩繪剝落，木
　　　片斷裂嚴重。牆板所繪者係以二十四孝爲繪畫題材，全幅分爲二十四個盒子構
　　　圖，共分四行，每行有六個盒子構圖，各繪其中之一故事。此幅較引人注目者，
　　　則是表現了台灣地性彩繪盒子多樣式的構圖風格，大不同於蘇式或京式彩繪；盒
　　　子的構圖風格，有開卷、扇形、雲形、菱花、瓜形、石榴形、桃形、圓形、多角
　　　形、橢圓形、六角形、腰子形、甕形等二十四種，款式新穎竟無二者相同者。
　　　此件爲台灣地區彩繪盒子構圖的代表之作，涵蓋了二十四個不同的盒子造型之
　　　美。內中所繪二十四孝故事，顯現了清末精緻的人物畫風格，雖因時代久遠，致
　　　使畫面呈現模糊狀態，仍見極富變化的小構圖經營心血，用筆略顯纖弱，其中如
　　　「楊香擒虎救父難」、「江華負母逃兵災」、「剡子入戈取鹿乳」等，所繪人物生
　　　動有致，均爲上乘水準。

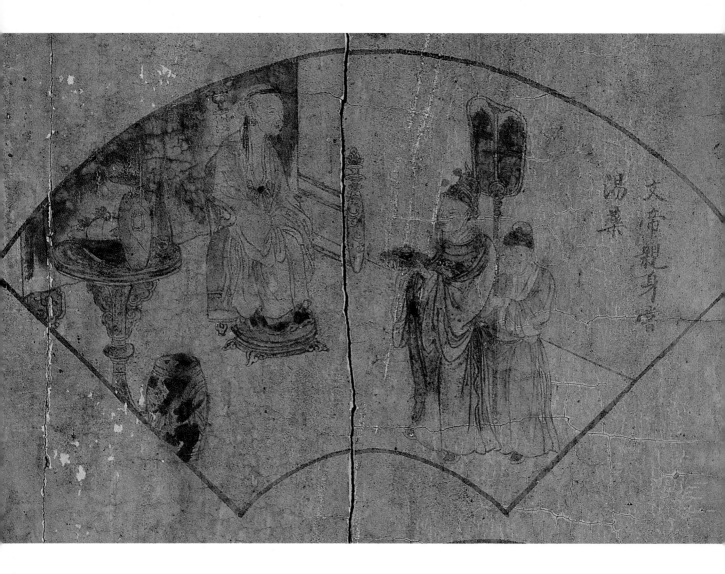

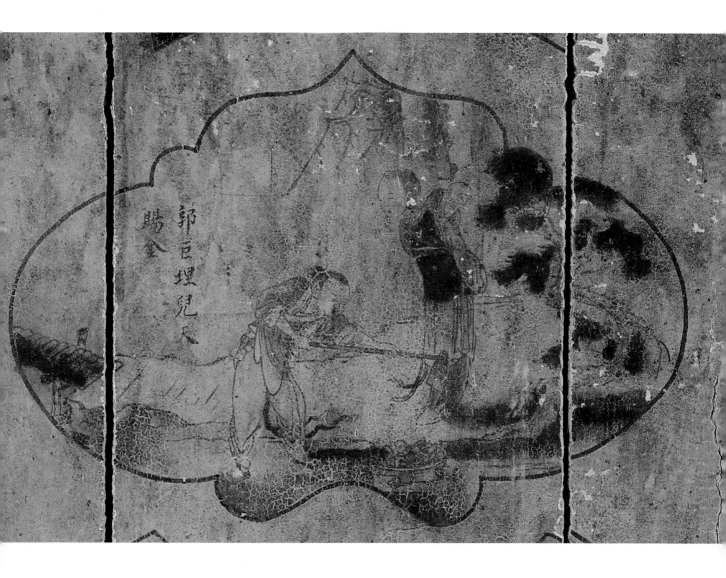

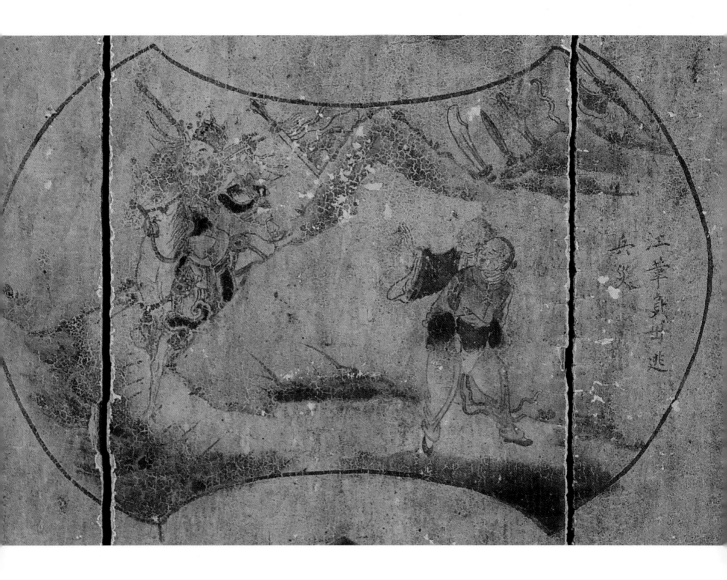

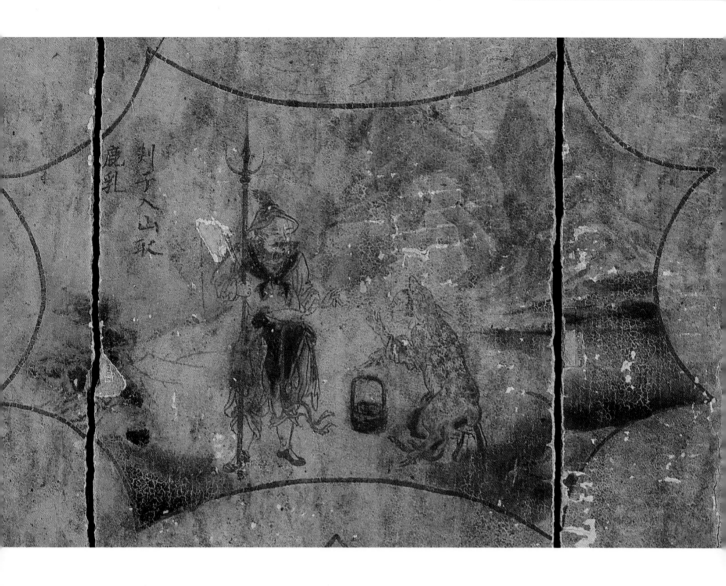

彩繪行書連屏板牆

材質：木質

長：154cm　寬：167.5cm　高：1cm

特徵：紅色框邊，上有題字。

用途：隔間，裝飾。

現況：剝落，裂痕。

　　此彩繪書法牆板係位於正廳右側隔間壁板最內側，與對面的書法板牆相對，共
由七片木板所組拼而成的一面牆板，其形式如同書法的四幅連屏，亦如裱褙，
每屏都有紅彩鑲框，以行書書云：「余寓居開元寺之怡思堂，見江山每於此中
作草，似得江山之助，然顛長史狂僧皆停酒而通神妙，余不飲□十五年，雅欲
善其事而莫不利，行筆處時時蹇厥計，遂不得復如醉時書也。學周宗兄之屬　贊
文　紹年」。連屏第三幅起首第一字，剝落漫漶不能辨認。

　　由書法落款「學同宗兄屬　贊如　紹年」可知，此並非一般畫師所繪，而係屋主
之友「紹年」所書。依所寫行書書法風格，有米字瀟灑高遠之風，為一般彩繪
中少見者，而應以文人書法留壁之雅事論之。

計墮不得渟如辭時書也

學南宗元扁

蕭文錦

余寓居開元寺之怡思堂

見江山每擬此中作草似得

書法牆板
材質：木質
長：154cm 寬：105cm 高：1cm

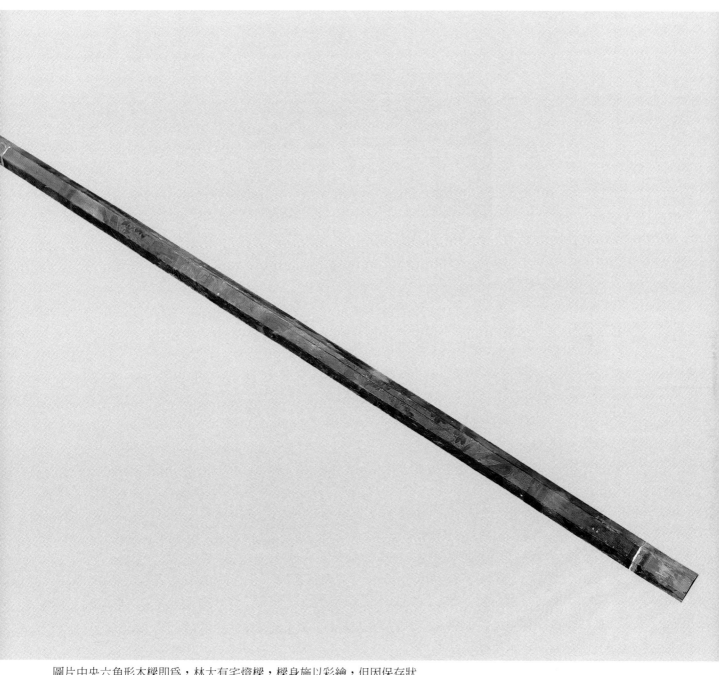

圖片中央六角形木樑即為,林大有宅燈樑,樑身施以彩繪,但因保存狀
況不佳,致使彩繪褪色嚴重,圖形與紋樣均無法辨識。

工作過程－搶救、薰蒸、清理、修復

搶

救

　　當政府和民間的救難組織進入災區進行救難行動的初期，任何非關於對解除生命危險有即時效用的團體，均不應進入災區，從事任何活動，避免干擾救難行動。換句話說，未確定受災居民生命安全之前，對文化資產的搶救，僅能站在嚴密觀察的立場。

　　本館搶救小組在去年十月初開始在災區進行影像紀錄時，搶救生命的救援工作已經幾乎完成，災區居民開始收拾殘破家園，檢視受損家產，並受到政府的安頓。各災區地方政府與中央，在這段時間完成生命搶救工作，正準備清運已經坍塌的建築和設備。許多坍塌建築即將台灣傳統建築和歷史文物成為垃圾遭到清運移除。本館搶救小組於十月中旬開始進行文物搶救工作時，可以說幾乎處在是迫在眉睫的緊急狀態之中。

搶救小組在竹山莊宅坍塌山門瓦礫堆中，搜尋文物。

搶救小組在社寮莊宅坍塌瓦礫中，搬運文物。

吊車準備裝運莊宅山門屋脊。

工作人員裝運大型文物樣本。

竹山社寮莊宅正廳屋頂於地震後,重新蓋上鐵皮屋頂。

竹山社寮莊宅護龍竹笐牆壁破裂情形。

搶救小組在莊宅現場進行文物登錄與包裝。

搶救小組首度進入東勢鎮，所見善教堂景象。

東勢鎮善教堂拜亭九二一地震災後景象。

善教堂供桌遭坍塌構件擠壓。

善教堂正殿坍塌狀況。

搶救小組於善教堂進行取樣工作。

搶救小組拆卸正殿花罩雕刻飾板。

重機械正清除善教堂周邊殘破瓦礫,以方便拜亭拆卸工
作。

善教堂拜亭屋頂架設保護鋼樑,加固,準備吊離。

善教堂拜亭屋頂完整吊離,放置廟埕。

第一批災區文物運抵國立歷史博物館暫時儲存。

第一批災區文物運抵國立歷史博物館暫時儲存。

竹山鎮敦本堂正廳震災後坍塌情況。

敦本堂災後屋舍全倒，現場一片殘破景象。

敦本堂於地震後，處處斷垣殘壁。

工作人員正拆卸敦本堂大木構。

工作人員正拆卸右護龍大木構。

分解榫接大木構情況。

經分解之大木構，立即進行編號。

敦本堂彩繪木板拆卸工作。

敦本堂彩繪牆表面噴灑高分子材料，保護加固。

於彩繪牆面裱貼宣紙，以隔離玻璃纖維。

彩繪牆以玻璃纖維保護完成後，加裝面板，方便搬運。

以保麗龍填充彩繪牆褙面，準備安裝保護背
板。

拆除彩繪牆背面土埆磚。

拆除彩繪牆背面土埆磚。

以保麗龍填充彩繪牆褙面，準備安裝保護背
板。

吊車順利將彩繪牆完整吊離。

第二批文物運回本館，暫時儲存。

第二批文物運回本館，暫時儲存。

第二批文物運回本館，暫時儲存。

薫

蒸

　薫蒸作業前完整檢視倉庫文物，木質建築構件中，以木柱表面留有蟲洞最多，多屬長期蛀蝕蟲洞及棄巢，倉庫中並未發現蟲跡及新蛀蝕痕跡，斷定應爲建築物坍塌之前，蛀蟲及已經棄巢，或受地震影響離開巢穴。從文物進駐倉庫至薫蒸作業約間隔二個月餘，在此期間，工作人員不定時檢視，均未發現蟲跡。

　以「幫家淨」爲主要薫蒸藥物，在約2,016公尺見方密閉倉庫進行96小時。根據基礎計算，每見方公尺使用5mg藥劑，共計使用幫家淨10,080公克，密閉96小時之後，回收鋼瓶，完成薫蒸作業。

薰蒸用藥。以1%賽酚寧加99%液態二氧化碳,對人體無毒性。

薰蒸作業時,必須張貼禁止、警告標示。

薰蒸作業用裝備。

工作人員於專案倉庫中,進行薰蒸作業。

工作人員於專案倉庫中，進行薰蒸作業。

工作人員於專案倉庫中，進行薰蒸作業。

工作人員於專案倉庫中，進行薰蒸作業。

工作人員於專案倉庫中，進行薰蒸作業。

工作人員於專案倉庫中，進行薰蒸作業。

工作人員於專案倉庫中，進行薰蒸作業。

工作人員於專案倉庫中，進行薰蒸作業。

薰蒸作業在密閉空間中施藥，必須達於
一定濃度。

工作人員於專案倉庫中，進行薰蒸作業。

工作人員於專案倉庫中，進行薰蒸作業。

清理

　　一般性災區文物清理，使用工業用乾濕兩用吸塵器、二馬力空氣壓縮機、氣動噴槍、氣動噴嘴、軟毛刷、硬毛刷、塑膠纖維牙刷、棉質毛巾布等工具，將表面及夾縫中塵垢清除，其中以長年累積污垢，最為耗時費力。

　　文物表面油漆清理，則是初步油漆清除工作以丙酮清洗表面新漆，同時進行色層紀錄。一片雕刻飾板分為四至五個區塊，以階梯式漸進清洗，第一層至第五層在電子顯微鏡下觀察，可清晰辨識其層次之不同。

　　彩繪板表面以乙醇清除污垢之外，並以B72高分子材料加固，避免表面彩繪繼續損傷。

雕刻飾板表面油漆清洗工作。

以棉棒沾丙酮逐層去除油漆，使底層原來彩繪顏色重現。

文物清理器材，以空氣壓縮機及工業用乾濕兩用吸塵器為主。

清理文物表面灰塵。

以長噴嘴噴掉文物表面落塵。

一邊以空壓機噴氣，一邊以毛刷清除附著度較高塵污。

空氣壓縮機以二匹馬力輕便型較為適合。皮帶式空氣壓機馬力過強，易損傷文物。

清理文物細縫中塵垢。

文物細縫中塵垢是長年累積而來,必須以細小牙刷清理。

吸塵器與空壓機並用,可先行處理表面落塵,並可抑制粉塵飛起。

研究人員討論文物清理工序與方法。

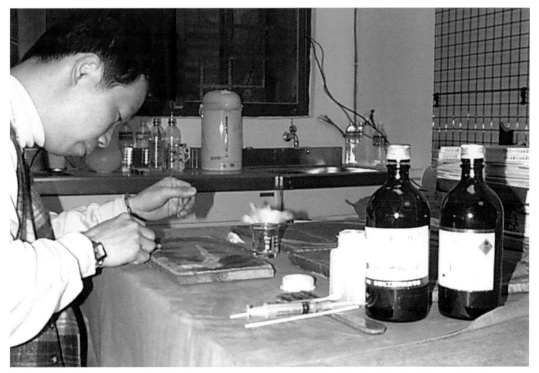

林大有宅彩繪板表面清理工作。

修

復

　　保存維護措施前，首先務必切記文物的歷史意義與價值，所有歷史文物皆會因為時間的因素和所在環境而改變，甚至老化破損。因此，保存維護、修復的意義並非在創造或發明，所以在對文物修復前必須先做好文物的檢查記錄工作，修復研究人員的修復建議書亦必多加觀察、思考，再做決定。

　　文物保存維護的材料與運用，必須是有可逆性的材料。一般使用的保存修復材料強度，除了要盡量接近修復文物本身材質外，更要考量勿使材料本身的強度大過於文物，否則日後文物的維修護便會產生新的問題。

於敦本堂蒐集之彩瓷花瓶破片。

初步黏接花瓶破片。

以「自由樹脂」取完整部位外形，準備修補缺損瓶身。

以石膏修補花瓶缺損部位。

石膏修補部位修形。

敦本堂彩繪牆地仗以麻布覆蓋保護。

麻布以樹脂稀釋劑黏著。

麻布表面覆蓋玻璃纖維，保護牆的背面以及增加硬度、強度。

敦本堂彩繪牆地仗（背面）。

玻璃纖維以保麗膠黏合。

玻璃纖維硬化完全後，保麗龍裁形填補牆背面落差。

保麗龍舖平彩繪牆背面。

彩繪牆背面施打發泡劑，準備安裝背板。

背板安裝完成後，將彩繪牆翻轉成正面向正，準備剝離正面玻璃纖維保護層。

以丙酮溶解玻璃纖維保護層待軟化後，切除。

玻璃纖維剝離後，以竹片刮除彩繪牆表面宣紙保護層。

以樹脂稀釋劑接會彩繪牆表面受損石灰層。

彩繪牆安裝陳列架工作。

陳列架邊框安裝時，牆面加固。

安裝陳列架上木框架。

彩繪牆運輸作業。

彩繪修補。

彩繪修補。

東勢鎮善教太師椅，自瓦礫堆中，運
回本館時，殘破狀況。

太師椅修復中樣貌。

準備進行修復作業。

善教堂拜亭屋脊麒麟剪黏底座破損。

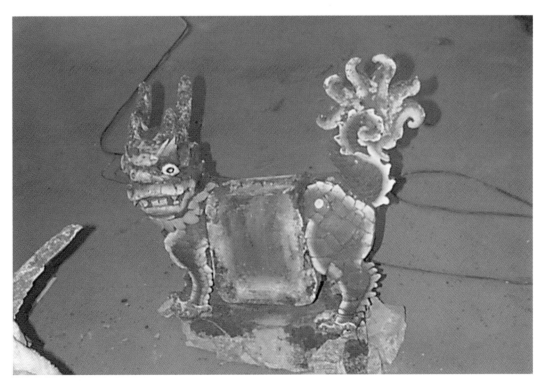

經修復後樣貌。

感　謝
行政院文化建設委員會
教育部
指　導

國立傳統藝術中心籌備處
共同合作

竹山鎮莊人和先生
敦本堂林氏家族
東勢鎮善教堂管理委員會江錦秀主任委員暨全體委員
善教堂重建委員會羅濟漳主任委員暨全體委員
下新里劉發現里長
東勢鎮劉氏宗祠劉氏家族
大里市林大有宅林氏家族
首肯將寶貴文物交由國家保管

文史工作者林國隆先生
鹿港文史工作者李奕興先生
國立成功大學徐明福教授
在最快時間內提供專業意見得以保留歷史文物

元訊寬頻網路股份有限公司
愛爾達科技股份有限公司
合和交通媒體集團
提供科技的、傳播的高科技資源贊助使展覽發揮最大功能

感　謝
所有關心歷史文化的朋友給予我們最大的支持和協助

搶救文物專案計劃工作人員名錄

搶救文物小組

召 集 人	館長黃光男博士
計劃執行	研究組主任陳永源先生
計劃顧問	奕興文藝工作室李奕興先生 國立成功大學建築系徐明福教授
執行秘書	研究組胡懿勳
小組成員	成耆仁 吳國淳 張婉眞 羅煥光 郭祐麟 張承宗 郭長江 胡懿勳
搶救工程	長藝有限公司

研究人員

研 究 組	陳永源 林淑心 楊式昭 成耆仁 吳國淳 胡懿勳
教 育 組	羅煥光
典 藏 組	郭祐麟 黃春秀 陳鴻琦
美 工 室	郭長江

協同籌辦展覽工作單位

國立傳統藝術中心籌備處
元訊寬頻網路有限公司
愛爾達科技股份有限公司
合和交通媒體集團
長藝有限公司

協同籌辦展覽工作人員

公共事務小組

研 究 組	梅發廣 李季育 韓智泉
教 育 組	李盈盈 韓慧泉
文化義工	呂宜蒨 陳媖如 吳家綺
實 習 生	盧慧貞 劉國華 劉怡珊 廖如玉 許美雲 江佩明 余培敬 胡佳宏

國家圖書館預行編目資料

搶救文物：九二一大地震災區文物研究展圖錄
／國立歷史博物館研究組編輯. -- 臺北市：
史博館，民89
面；　公分

ISBN 957-02-6621-X（平裝）

1. 古蹟 - 保存與修復 2. 臺灣 - 古蹟 - 調查

790.73232　　　　　　　　　　　　89012882

搶救文物-九二一大地震災區文物研究展圖錄
發 行 人　黃光男
出 版 者　國立歷史博物館
　　　　　台北市南海路四十九號
　　　　　TEL：02-2361-0270
　　　　　FAX：02-2361-0171
編 　 輯　國立歷史博物館研究組
編輯委員　國立歷史博物館編輯委員會
主 　 編　陳永源
執行編輯　胡懿勳
助理編輯　許美雲
校 　 對　許美雲 廖如玉 呂宜蒨
翻 　 譯　韓智泉
圖說撰寫　林淑心 楊式昭 陳鴻琦 黃春秀 羅煥光 胡懿勳
版面構成　胡懿勳 許美雲
攝 　 影　楊明修 羅煥光 吳國淳 郭祐麟 胡懿勳 張承宗 郭長江 許美雲
印 　 製　四海印刷有限公司
出版日期　中華民國八十九年九月
統一編號　006304890363
I S B N　957-02-6621-X （平裝）
定 　 價　新台幣捌佰元整

行政院新聞局出版事業登記證
局版北市業字第24號